3차원의 인생을 지배하는

4차원의 영성

3차원의 인생을 지배하는

4차원의 영성

4th dimensional spirituality

조용기 지음

교회성장연구소

인사말

우리의 인생은 제한된 삶입니다. 시공간의 제약 아래 사는 3차원의 인생인 것입니다. 그러나 이것이 전부가 아닙니다. 성경은 "보이는 것은 나타난 것으로 말미암아 된 것이 아니니라(히브리서 11:3)."라고 가르치고 있습니다. 4차원은 종교적으로 말하면 영적인 세계입니다. 그리고 인간은 영혼을 가진 영적인 존재이기 때문에 3차원의 세계에 머물면서 4차원에 속하는 존재입니다. 이러한 인간의 생활 속 모든 곳에 구석구석 사단이 들어와 우리의 삶을 깊은 흑암과 공허함에 빠뜨리고 있습니다.

저는 이미 25년 전에 4차원의 비밀에 대한 개요를 말씀드린 바 있습니다. 거기서 비롯된 '4차원의 영성'을 지난 47년간 목회의 원동력으로 적용하게 된 것은 저 스스로 연구한 것도 아니고 누구에게서 배운 것도 아닙니다. 이것은 오랜 시간 동안 성령님과 교제하는 가운데 알게 된 비밀입니다. 저는 이 비밀을 더 많은 사람들과 나누길 원합니다.

우리는 4차원의 영성으로 모든 환경을 새롭게 부화시켜야 합니다. 그래야 모든 것이 변화합니다. 4차원을 변화시키는 사람이 3차원을 지배할 수 있는 것입니다. 그렇다면 4차원의 영적 세계는 어떻게 움직일 수 있을까요? 거기에는 네 가지 요소가 있습니다. 바로 생각, 믿음, 꿈, 말입니다. 이것을 통해 4차원이 움직입니다. 이것을 변화시켜야 합니다. 이 비밀을 알게 된 여러분의 인생도 이제 곧 변화할 것입니다.

『4차원의 영성』은 4차원의 세계를 움직이는 네 가지 핵심 요소인 생각, 믿음, 꿈, 말을 개인의 삶과 조직의 발전에 적용할 수 있도록 구성되었습니다. 또한 4차원의 영성을 개발할 수 있는 다양한 이야기와 실행 지침들이 담겨 있습니다.

이 책을 통해 자신의 삶을 성공 인생으로 변화시키고자 하는 모든 사람이 4차원의 영성에 대한 깊은 통찰력과 도전 의식을 재충전하는 계기가 되길 간절히 소망합니다. 독자 여러분 모두의 인생마다 하나님의 크신 축복과 은총이 있길 기대합니다.

2004년 12월 25일 성탄절에
조 용 기 원로목사(여의도순복음교회)

발행인 머리말

'4차원의 영성'은 조용기 목사님의 목회 사역에 있어 중요한 영적 원리이자 여의도순복음교회의 부흥에 크게 기여한 영적 가르침이라 할 수 있습니다. 조용기 목사님은 하나님의 크신 은혜 가운데 4차원의 영성을 통해 허허벌판인 여의도에 만 명이 넘게 들어가는 성전을 믿음으로 세우셨습니다. 또한 4차원의 영성이 담긴 설교를 통해 성도들의 삶이 영혼이 잘되며, 범사에 잘되며, 강건한 축복을 누릴 수 있게 되었습니다. 4차원의 영성이 어려운 삶의 한계를 뛰어넘는 영적 원리로 작용했기 때문입니다.

4차원의 영성은 어느 날 갑자기 등장한 원리가 아닙니다. 조용기 목사님은 기도하는 가운데 성령님의 깨닫게 하심을 통해 '4차원의 영적 세계'에 대해 깊은 관심을 갖게 되었습니다. 그것은 우리가 사는 시공간은 3차원의 세계이며, 영이신 하나님이 속한 곳이 4차원의 영적 세계라는 것입니다. 조용기 목사님은 사역 초기부터 경험한 성령님의 능력이 바로 4차원의 영적 세계를 통한 것임을 깨닫고 '4차원의 영성'이라는 영성 원리로서 체계화하셨습니다.

4차원의 영성을 소유하기 위해서는 먼저 예수 그리스도의 십자가 보혈의 은혜를 입어야 합니다. 예수님이 우리의 죄를 대신하여 십자가에 못 박히신 구원의 은혜를 입은 사람이 아니고서는 4차원의 영적 세계에 접근할 수 없습니다.

본래 인간은 죄로 인해 구원 받을 수 없는 존재였지만, 하나님이 예수님을 통해 우리의 죄를 속량해 주신 것입니다. 이 십자가의 은혜를 믿고, 시인하고, 깨닫는 자만이 죄에서 건짐을 받고 그 후에 하나님의 자녀로서 축복을 누릴 자격을 얻게 되는 것입니다.

조용기 목사님은 십자가의 은혜를 입은 자녀가 누리는 복을 '삼중 축복'(영·혼·육의 축복)으로 정리하셨고, 예수님의 십자가 부활 사건으로 인해 전해지는 충만한 복음(Full Gospel)을 '오중 복음'(중생의 복음, 성령 충만의 복음, 신유의 복음, 축복의 복음, 재림의 복음)으로 체계화하여 목회 철학으로 삼으셨습니다.

4차원의 영성은 바로 이 축복들을 누리기 위한 영적 원리입니다. 예수님을 믿고 구원 받았다면 우리 모두는 이미 하나님의 축복을 누릴 자격이 있는 사람들입니다. 4차원의 영성을 통해 우리의 생각, 믿음, 꿈, 말을 하나님의 것으로 변화시키면 하나님의 축복이 우리 삶에 부어지게 되는 것입니다. 이 축복은 새롭게 생겨나는 것이 아닙니다. 본래 하나님은 우리를 축복하시기 위해 차고 넘치는 풍성한 복을 예비해 두셨습니다. 그런데 우리의 부정적이고 제한적인 3차원의 생각, 믿음, 꿈, 말이 과거의 삶에 얽매여 질병, 원망, 불평, 두려움을 안고 살아가게 한 것입니다.

4차원의 영적 세계의 비밀을 안다면 많은 성도들이 그런 저주의 삶에서 벗어나 축복의 삶을 살게 될 것이라 확신합니다. 세상이 말하는 긍정적인 생각, 자기 암시, 명상 등과는 차원이 다른 4차원의 영적 세계의 비밀 열쇠가 이제 당신 손에 주어집니다. 그 능력의 열쇠를 사용하기 위해서는 4차원의 영성을 아는 것에만 그쳐서는 안 됩니다. 4차원의 영성은 영적 성숙과 깊은 관계를 맺고 있기에 항상 기도와 말씀으로 훈련하고, 성령 충만하도록 노력해야 합니다.

이미 10만 명이 넘는 독자가 『4차원의 영성』을 통해 그 비밀을 체득했고, 훈련을 통해 내면화하여 삶에 적용하고 있습니다. 특별히 10만 부 돌파를 기념하여 수정증보판을 발간하면서 4차원의 영성에 대한 이해를 돕기 위해 '십자가의 은혜, 삼중 축복, 오중 복음'

의 내용을 추가했습니다. 이것들이 4차원의 영성을 이해하고 터득하는 데 큰 도움이 될 것입니다.

나아가 여러분 모두가 하나님의 자녀로서 받은 그 복들을 이웃에게 나눌 수 있는 성숙한 크리스천으로서의 삶을 살 수 있기를 희망합니다. 예수님이 이 땅에 오셔서 십자가에 못 박히신 구원 사역만을 한 것이 아니라 구제와 사랑 실천을 행하신 것과 같이 모든 성도가 세상을 향해 사랑을 실천하고 자신이 받은 풍성한 복을 나눌 수 있기를 바랍니다. 성령의 능력에 힘입어 사는 크리스천들이 궁극적으로 성령의 열매 맺는 삶을 살기를 희망하며, 새롭게 발간되는 『4차원의 영성』이 세계적으로 선한 영향력을 끼치는 책이 되기를 간절히 소망합니다.

2010년 4월
이영훈 담임목사(여의도순복음교회)

추천의 글

세계 최대의 교회를 일구신 조용기 목사님의 성령 사역을 보다 쉽게 이해할 수 있는 양질의 책이 발간되어 기쁘게 생각합니다. 그동안 국내를 비롯한 전 세계의 수많은 학자와 목회자, 평신도들에게 영감을 주었던 그 성령 사역을 보다 체계적으로 연구하여 집대성한 노작인 만큼 에스겔 골짜기의 마른 뼈와 같은 지친 영혼들에게 가슴을 적시는 생수가 되길 바랍니다.

— 김삼환 담임목사(명성교회)

20세기 후반, 성령 운동에 어두웠던 한국 교회는 물론 전 세계의 교회에까지 새로운 도전을 주었던 조용기 목사님의 『4차원의 영적 세계』에 이어 다시금 21세기에 들어와 성령 운동을 통해 교회의 갱신과 성장을 이루기 위한 『4차원의 영성』이 출간됨을 진심으로 환영합니다. 이 책을 통해 다시 한 번 강력한 성령 운동이 우리의 영적인 삶과 교회 안에서 일어나길 기대합니다.

— 김영길 총장(한동대학교)

3차원의 인간 세계와 4차원의 영적 세계의 관계를 이 책만큼 실제적으로 다룬 서적은 없을 것입니다. 세계적으로 성령 사역에 있어 권위자인 조용기 목사님은 신비한 영적 원리들을 네 가지 채널을 통해 간단명료하게 소개하고 있습니다. 그렇습니다. 4차원의 영적 기운으로 생각하고, 믿고, 꿈꾸고, 말하십시오!

— 김장환 목사(극동방송 이사장)

오늘날 한국 교회의 괄목할 만한 성장을 뒷받침하는 수많은 요인 중에 가장 중대한 영향력은 무엇보다도 세계 최대 교회를 이끄는 조용기 목사님의 성령 사역임이 틀림없습니다.

이미 『4차원의 영적 세계』로 우리에게 잘 알려진 조 목사님의 성령 사역이 어떻게 교회 성장과 직결될 수 있었는지를 보다 구체적으로 현장감 있게 전해 주는 내용을 한 권의 책으로 만나게 되어 기쁜 마음입니다. 이 책은 분명 더 깊은 성령과의 동역을 갈망하는 평신도와 목회자에게 4차원의 영적 세계로 향하는 방향과 목적을 제시하는 나침반이 될 것입니다.

— 옥한흠 원로목사(사랑의교회)

하나님의 크신 사랑과 은혜 가운데 조용기 목사님이 쓰신 『4차원의 영성』의 출간을 진심으로 축하드립니다. 이 책은 살아 계신 하나님의 말씀을 통해 천지 만물 위의 영적 세계를 과학적인 이치로 증명하며, 영원과 무한을 다스리시는 거룩한 창조주 하나님의 통치 원리를 깊이 깨닫게 합니다. 성령님의 역사 속에 이러한 진리를 이해함으로써 많은 분들이 더욱 강건한 믿음을 얻고 세상에서 승리하며 하나님의 영광을 나타내는 기쁨이 충만해지길 기원합니다.

− **이경숙 이사장**(한국장학재단)

크리스천의 영적 삶을 이보다 더 간결하고 쉬운 말로 안내하는 책은 아마 없을 것입니다. 이 책 안에는 믿음의 순례자들이 반드시 숙지해야 할 분명한 원리가 살아 숨 쉬는 언어로 기술되어 있습니다. 희망 목회라는 가마솥에서 50년의 경험이 낳은 영적 진수를 보다 알기 쉽게 한국 교회에 소개해 주신 점 감사드립니다. 영적 삶의 비상을 꿈꾸는 이들이 이 책을 통해 메마른 영혼을 살찌워 강건해지길 소망합니다.

− **정근모 박사**(전 대한민국국가조찬기도회 회장)

조용기 목사님의 사역은 영적인 삶의 나침반과 같습니다. 영적으로 황무했던 한국 교회에 생명력이 넘치는 목회의 본을 보여 주셨기 때문입니다. 지난 50년 동안의 목회 사역은 한마디로 말씀 사역과 성령 사역의 절묘한 조화라고 생각됩니다. 이 책을 통해 우리는 『4차원의 영적 세계』

에서 시작된 그 원리가 『4차원의 영성』으로 이어지는 삶의 여행을 경험하게 될 것입니다. 이러한 경험은 성도들의 삶에 실제적으로 큰 영향을 미칠 것입니다. 대부분의 사람들은 신앙생활의 원리와 실제를 혼동하고 있습니다. 교회에서는 뜨거운 신앙생활을 하고, 세상에서는 차가운 현실 속에 몸을 담고 있습니다. 이 책에서 진정한 삶의 해답을 명쾌하게 찾을 수 있길 기도합니다.

−**하용조 담임목사**(온누리교회)

※ 가나다순으로 정렬하였습니다.

Contents

인사말 ...4 발행인 머리말 ...6 추천의 글 ...10

Part 1
4차원 영적 세계의 기초

| chapter · 1 | 십자가의 은혜   ...19
| chapter · 2 | 삼중 축복을 누리는 믿음   ...34
| chapter · 3 | 오중 복음으로 이끄심   ...40

Part 2
4차원 영적 세계로의 초대

| chapter · 1 | 3차원의 인생, 4차원의 영성   ...63
| chapter · 2 | 4차원 영성의 네 가지 요소   ...76

Part 3
4차원 영성의 삶

| chapter · 1 | 4차원의 생각, 이렇게 바꾸라 ...95
| chapter · 2 | 4차원의 믿음, 이렇게 바꾸라 ...126
| chapter · 3 | 4차원의 꿈, 이렇게 바꾸라 ...154
| chapter · 4 | 4차원의 말, 이렇게 바꾸라 ...198

Part 4
4차원 영성의 훈련

| chapter · 1 | 훈련의 삶 ...227
| chapter · 2 | 성령 충만의 삶 ...244

우리가 마음에 새겨야 할 것은
우리 모두의 삶이 하나님의 은혜로 받은 선물이라는 사실입니다.
그렇기에 4차원의 영적 세계에 대한 이해는
우리 스스로 하나님의 은혜를 입은 자임을 믿고 시인하는 것에서부터 시작됩니다.

Part 1

4차원 영적 세계의 기초

4th Dimensional Spirituality

4th Dimensional Spirituality

내가 그리스도와 함께 십자가에 못 박혔나니
그런즉 이제는 내가 사는 것이 아니요
오직 내 안에 그리스도께서 사시는 것이라
이제 내가 육체 가운데 사는 것은 나를 사랑하사
나를 위하여 자기 자신을 버리신
하나님의 아들을 믿는 믿음 안에서 사는 것이라

| 갈라디아서 2장 20절 |

십자가의 은혜

아버지의 영광으로 말미암아 그리스도를 죽은 자 가운데서 살리심과 같이
우리로 또한 새 생명 가운데서 행하게 하려 함이라
| 로마서 6장 4절 |

예전에 미국의 저명한 신학 교육 기관인 풀러 신학대학원에서 '교회 성장'에 관한 강의를 한 적이 있습니다. 전 교수진과 학생들은 물론이고, 미국 전역에서 모인 교역자 대표들이 참석한 굉장한 규모의 모임이었습니다. 그 자리에서 저에게 강의를 의뢰한 피터 와그너 박사를 만나게 되었습니다. 반갑게 인사를 하고 담소를 나누는 가운데 그가 매우 흥미로운 이야기를 건넸습니다. 하나님이 자기에게 짧아진 다리를 길게 만드는 특별한 은사를 주셨다는 것이었습니다.

저는 제 귀를 의심했습니다. 신학 교수이자 박사인 그는 어느 모로 봐도 그런 기적을 일으킬 만한 사람으로는 보이지 않았기 때문입니다. 그런 저의 마음을 알았는지 와그너 박사는 직접 와서 그 현장

을 보라고 했습니다. 이튿날 아침 저는 다시 사무실에 들렀습니다. 때마침 기차 사고로 다리가 일부 절단된 한 이라크 인이 그곳에 있었습니다. 또 박사의 부인과 김영길 목사님을 비롯한 여러 다른 목사님들도 계셨습니다. 이윽고 와그너 박사가 들어왔습니다. 그는 기도를 마친 후 다리를 잃은 그 이라크 인에게 손을 얹고 외쳤습니다.

"나사렛 예수의 이름으로 다리가 길어질지어다! 다리가 길어질지어다! 나사렛 예수의 이름으로 다리가 길어질지어다!"

와그너 박사는 그렇게 계속 5분이 넘도록 땀으로 범벅이 된 채 외치고 또 외쳤습니다. 그러나 다리 길이는 여전히 그대로였습니다. 저는 박사가 무안할까 봐 오히려 그를 위로했습니다.

"지금 바로 길어질 수도 있겠지만 서서히 길어질 수도 있을 것입니다."

함께 있던 다른 사람들도 저마다 그럴 수 있다며 와그너 박사를 안심시켰습니다. 그러나 박사는 포기하지 않았습니다. 그리고 그 이라크 인에게 손을 내밀며 자기의 기도를 따라 하라고 했습니다.

"하나님이 살아 계신 것을 믿습니다. 독생자 예수가 나의 구주인 것을 믿습니다. 예수님이 저를 꼭 고쳐 주실 것을 믿습니다."라고 고백하게 한 후에 다시 앉으라고 했습니다.

이쯤 되자 보고 있는 제가 더 난처했습니다. 저는 기도했습니다.

'하나님, 저의 부족한 믿음을 용서하여 주시옵소서. 아버지, 다리가 길어지든 말든 와그너 박사가 실족하지 않게 하여 주시옵소서.'

박사는 다시 그에게로 가서 다리를 만지며 선포했습니다.

"나사렛 예수의 이름으로 명하노니, 다리가 길어질지어다! 나사렛 예수의 이름으로 길어져라!"

순간 믿지 못할 상황이 눈앞에 펼쳐졌습니다. 얼마나 놀랐는지 그 자리에 주저앉을 뻔했습니다. 다리가 30초도 안 되는 사이에 쑥 길어진 것입니다.

그 사건은 저에게 엄청난 충격이었습니다. 저는 하나님이 그렇게 가까이 계신 분임을 미처 모르고 있었던 것입니다. 그날의 기적을 통해 저는 이 놀라운 사실을 너무나 확실히 그리고 선명하게 깨닫게 되었습니다. 그곳은 교회도 기도원도 아니었으며 부흥회는 더더욱 아닌, 그저 한 교수의 사무실이었을 뿐입니다. 강한 믿음을 가지고 그저 "다리가 길어질지어다!"라고 말했을 뿐입니다. 다리가 길어진 이라크 인은 믿기지가 않는 듯 감격하여 사무실 안을 이리저리 걸어 다녔습니다. 절룩거리던 모습은 온데간데없었습니다.

이 얼마나 큰 하나님의 은혜입니까. 하나님은 구만리장천에 멀리 계신 것이 아니었습니다. 우리가 숨 쉬는 호흡만큼 가까이 계시며 바로 우리 입술의 말을 통해 계신 것이었습니다. 하나님은 2천 년 전 예수 그리스도가 유대 땅에서 행하신 기적을 지금 이 순간 우리를 통해서도 이루고 계신 것입니다. 이렇게 큰 깨달음을 얻게 된 저에게 와그너 박사가 다가와 말했습니다.

"내가 이렇게 병자를 고치는 것은 다 조 목사 덕분입니다."

저는 어리둥절해 하며 무슨 말이냐고 물었습니다. 그러자 박사가 말했습니다.

"당신이 쓴 『4차원의 영적 세계』라는 책을 읽었습니다. 그 책에서 그러더군요. 하나님의 역사하심을 이루려면 반드시 꿈을 꾸어라. 그리고 이루어지라고 명령하면 된다고 말입니다. 그래서 저는 다리가 길어질 줄 확실히 믿고 이미 그것이 이루어진 것을 바라보며 명령했습니다. 그리고 정말로 그 꿈은 모두 이루어졌습니다."

그는 막상 책을 쓴 나 자신도 생각지 못한 기적을 큰 믿음 아래 행함으로써 은혜와 축복의 삶을 체험하고 있었습니다. 저는 머리를 한 대 얻어맞은 기분이었습니다. 그날의 기적과 와그너 박사의 이야기는 저로 하여금 하나님이 얼마나 가까이에 계시는지, 또 강한 믿음이 얼마나 큰 기적을 일으키는지 깨닫게 해주는 결정적인 계기가 되었습니다.

실제로 저는 30여 년 전에 발행한 『4차원의 영적 세계』를 통해 4차원의 비밀에 대한 개요를 저술한 바 있습니다. 사실 이러한 4차원의 영적 개념을 이해하고 삶에 승리의 원동력으로 적용하는 원리를 깨달은 것은 스스로 연구한 것도 아니고 누군가에게서 배운 것도 아닙니다. 성령님이 오랜 시간 동안 교제하는 가운데 저에게 가르쳐 주신 것입니다. 그런데 최근 들어 하나님이 저에게 하루에 한 시간 이상씩 계속 계시를 주셨습니다. 저는 기도실에 들어가 앉아 그 한 시간 이상을 하나님의 음성만 거듭해서 들었습니다. 말할 수 없이 감격적이고 저의 영혼을 통째로 뒤흔드는 계시였습니다. 그래서 저는 다시 한 번 그러한 계시를 많은 사람과 나누고자 이 책을 쓰게 되었습니다.

성경은 "보이는 것은 나타난 것으로 말미암아 된 것이 아니니라."라고 가르치고 있습니다. 우리가 현실로 보는 3차원의 모든 세계는 그 자체적으로 진화해서 만들어지는 것이 아닙니다. 다윈은 진화론에서 3차원의 세계는 스스로 진화해 왔고, 진화해 간다고 말합니다. 그러나 성경은 그것이 스스로 진화한 것이 아니라 눈에 보이지 않는 3차원을 초월하는 그 이상의 세계에 의해 변화하고 만들어진다고 말합니다. 그러므로 보이는 것은 나타난 것으로 된 것이 아닙니다. 다윈의 진화론에서는 보이는 것은 나타난 것으로 된다고 말합니다. 그러나 성경은 정반대로 말합니다. 감각적인 3차원의 세계는 그 자체의 진화와 발전에 의한 것이 아니라고 말입니다. 하나님과의 이 특별한 과외 공부는 더 깊이 계속되었습니다.

십자가 사건의 의미

4차원의 영적 세계에 대해 배우기 전에 먼저 십자가 사건의 의미를 알아야 합니다. '은혜'란 아무런 대가 없이 일방적으로 받는 축복을 의미합니다. 제가 목회를 하면서 가장 큰 원동력으로 삼고 있는 말씀이 요한삼서 1장 2절입니다. 여기서 말하는 '영혼이 잘됨과 범사가 잘됨과 강건함' 이 세 가지의 축복을 누리는 것이 바로 십자가 보혈의 은혜를 입은 사람들의 삶입니다. 그러나 이 축복은 우리의 노력으로 주어지는 것이 아닙니다. 구원이 인간 스스로의 노력으로 이루어질 수 없듯이 축복 역시 마찬가지입니다. 축복은 십자가를 통해 주어집니다. 십자가의 은혜 없이는 구원도 축복도 없습니다.

강단에서 '영혼이 잘됨같이 범사에 잘되고 강건하라.'라는 이 구절을 기초로 말씀을 선포하면 어떤 이들은 제가 무조건 복만 바라는 기복적인 신앙을 가르친다며 비난하기도 했습니다. 또 십자가가 없는 신앙이라고 수군거리기도 했습니다. 그러나 만약 십자가에서 비롯되지 않은 축복을 선포했다면 지금까지 제가 목회를 하면서 만난 모든 성도는 헛된 것을 믿는 사람들이 되고 말았을 것입니다.

우리가 누리는 모든 축복은 예수 그리스도가 십자가에 못 박혀 희생하심으로써 얻게 된 것입니다. 인간은 스스로 아무리 선한 일을 한다 해도 지옥에 떨어질 수밖에 없는 존재였습니다. 그런 인간을 위해 하나님이 구원의 은혜를 베풀어 주셨습니다. 구원의 대가를 치르기에는 그 값이 너무 엄청나기에 하나님은 우리에게 그것을 선물로 주셨습니다. 그것이 은혜입니다. 아무런 대가 없이 하나님이 공짜로 베푸신 구원의 역사가 바로 십자가 사건입니다. 우리는 이 은혜를 통해 축복을 누릴 수 있게 되었습니다.

　간혹 이런 귀한 축복을 '내가 정의롭고 좋은 일을 많이 해서 받은 당연한 대가'라고 착각하는 사람들이 있습니다. 그러나 인간이 아무리 정의롭고 선하다 해도 심판대 앞에서 무죄로 판명될 사람은 없습니다. 한번 지은 죄는 인간 스스로 사할 수 없습니다. 인간의 능력이 닿지 않는 영역에서 풀어야 할 문제이기 때문입니다. 이 죄를 속량하여 주실 분은 오직 하나님뿐이시며, 그분의 용서를 통해 우리는 죄 씻음을 받고 구원 받을 자격을 얻게 됩니다. 예수 그리스도가 십자가에 못 박히신 사건에 대한 깊은 이해와 깨달음이 없이는 예수님을 믿는다고 말할 수 없습니다. 또한 당연히 그 사건을 통해 받게 되는 영과 혼과 육의 축복 역시 누리지 못하게 됩니다.

　미국 선교 여행 중에 한 사업가를 만난 적이 있습니다. 그분이 제게 이런 고민을 털어놓았습니다.

　"목사님, 저는 가난한 집에서 태어나 갖은 고생 끝에 남들이 부러워하는 거부가 되었습니다. 제 나이 마흔여덟이지만 더 이상 일할 필요가 없어 지금은 은퇴하고 별장에서 사냥과 낚시를 즐기며 살고 있습니다. 사람들은 저의 이런 풍족한 삶을 부러워합니다. 그런데 저는 오히려 고생하면서 열심히 살 때는 느끼지 못했던 왠지 모를 허전함과 공허함을 느낍니다."

그에게 예수 그리스도가 필요함을 확실히 느낄 수 있었습니다. 그래서 이렇게 말했습니다.

"예수를 믿고 하나님을 섬기십시오."

그러자 그는 모르는 소리 말라는 듯 이렇게 대답했습니다.

"저는 독실한 가톨릭 신자입니다. 성당에도 열심히 나가고 미사도 꼬박꼬박 드리고 있습니다."

"음……. 예수 믿고 구원을 얻었다면 인생의 공허함을 느낄 리가 없을 텐데요."

그러자 이번에는 다소 당황스러운 이야기를 꺼냈습니다.

"저는 지금껏 살아오면서 공짜로 얻은 것이 하나도 없습니다. 전부 대가를 지불하고 피땀을 흘려서 얻어 냈습니다. 그런데 그렇게 돈 버는 것에만 치중하면서 살다 보니 구원을 받을 만한 좋은 일은 별로 하지 못했습니다. 그래서 아직까지는 제가 구원 받을 자격이 없는 것 같습니다."

"그렇지 않습니다. 구원은 오직 믿음으로 받는 것이지 값을 지불하고 받는 것이 아닙니다."

"목사님! 어떻게 대가를 치르지 않고 구원에 이를 수 있단 말씀이십니까? 저는 평생 동안 피와 눈물과 땀의 대가 없이는 아무것도 얻지 못했습니다."

그는 구원에 대한 확신 없이 예수님을 믿는다고 고백하는 안타까운 한 영혼이었습니다. 또한 조건 없이 베푸시는 구원의 은혜 역시 전혀 누리지 못하고 있었습니다. 마음이 너무 아팠습니다. 저는 그를 이해시키기 위해 다른 방향에서 접근해 보았습니다.

"그래요? 그렇다면 저 찬란한 태양빛을 매일 쬐고 있는데 그에 대한 대가를 지불한 적이 있습니까? 산소가 없으면 4분도 못 사는데 공기를 돈 주고 마십니까? 그뿐만이 아닙니다. 낳아 주시고 길러 주신 부모님의 사랑도 대가를 치르고 받았습니까?"

"목사님! 그런 것을 어떻게 값으로 매길 수 있겠습니까? 그럴 수 있다 해도 너무 비싸서 감히 대가를 지불할 수 없겠죠."

"맞습니다. 햇빛과 공기와 부모님의 사랑 같은 것들은 너무 귀하고 비싸기 때문에 값을 매길 수 없습니다. 그저 선물로 받을 뿐입니다. 그런데 하물며 해와 달과 별, 이 모든 천지와 만물을 지으시고 당신의 부모를 지으신 하나님이 아들인 예수님을 보내셔서 우리의 죄를 대신 갚았는데, 어찌 그것을 값으로 계산할 수 있겠습니까? 예수님이 이 땅에 가장 낮은 모습으로 오셔서 십자가에 못 박혀 몸 찢기고 피 흘려 우리를 죄에서 구원하셨는데, 그 엄청난 대가를 우리가 무슨 수로 치르겠습니까? 당신이 아무리 부자라 해도, 혹은 지금부터 아무리 피땀 흘려 노력한다 해도, 아무리 선한 일을 많이 한다 해도 그것을 계산할 수 있겠습니까?"

그는 저를 물끄러미 바라보더니 말했습니다.

"계산 못 하죠……."

"그러니 계산할 수 없는 대가를 노력과 수고를 들여 지불하려 하면 안 됩니다. 은혜는 선물로 받아들여야 합니다. 선물을 받고 돈을 내는 사람은 없습니다. 햇빛도 선물로 받고 공기도 선물로 받고 부모의 사랑도 선물로 받는데, 거기에 비교할 수 없이 값비싼 하나님의 구원을 어떻게 대가를 지불하고 살 수 있겠습니까? 오로지 감사하며 선물로 받아들일 따름입니다. 이 사실을 믿으면 당신은 지금 당장 구원 받을 수 있습니다."

그는 눈물을 흘리며 바로 무릎을 꿇고 기도했습니다.

"하나님 아버지, 이렇게 큰 은혜를 선물로 주신 줄 몰랐습니다. 지금까지 제가 좋은 일을 해야만 구원 받을 수 있다고 생각했습니다. 이제 예수님의 사랑과 은혜로 구원을 선물 받았음을 확실히 깨닫고 믿습니다."

이처럼 십자가를 통해 얻은 귀한 축복인 구원은 하나님의 일방적이고 전적인 은혜에 의한 것임을 알아야 합니다. 그 은혜로 말미암아 구원을 얻었으니 이것은 결코 그 누구도 스스로의 능력이라고 자랑할 수 없는 일입니다.

혹자는 똑같이 구원 받고 축복 받았다면서 왜 어떤 이는 일평생 부자로 형통하게 살고, 어떤 이는 일생을 가난과 질병으로 고생하느냐고 묻기도 합니다. 사실 그렇긴 합니다. 이런 경우는 주위에서 흔히 볼 수 있는 일입니다. 같은 교회에서 같은 시간에 예배를 드리고 같이 봉사하는 사람이더라도 다 똑같은 삶을 살진 않습니다. 누군가는 더 넓은 평수에 살고, 어떤 사람은 더 머리가 똑똑할 수도 있습니다.

그러나 이 땅에서의 삶에 대해 잘 살고 못 살고의 문제로 이야기하기 전에 저는 묻고 싶습니다. 구원의 은혜라는 값비싼 선물을 받고도 여전히 자신의 삶이 누군가보다 부족하고 환경이 열악하다며 하나님께 불평하고 있진 않습니까? 십자가 사건에 대한 감사함과 기쁨을 아는 사람이라면 결코 그러한 환경을 바라보지 않습니다. 공평하게 얻은 그 구원만으로도 우리는 하나님께 평생을 감사해야 합니다. 그럼에도 불구하고 많은 사람들이 누구는 은혜를 더 많이 입었다며 다른 사람과 비교하기에 바쁩니다.

오로지 우리가 마음에 새겨야 할 것은 우리 모두의 삶이 하나님의 은혜로 받은 선물이라는 사실입니다. 그렇기에 4차원의 영적 세계에 대한 이해는 우리 스스로 하나님의 은혜를 입은 자임을 믿고 시인하는 것에서부터 시작됩니다.

값없이 주어지는 은혜

예수님은 2천 년 전에 십자가에서 "다 이루었다!"라고 외치셨습니다. 우리는 그때 이미 예수님 안에서 피조물로 완성되었습니다. 새삼스럽게 지금 새로 만들어지는 것이 아닙니다. 그 옛날 과거에 주님이 다 이루어 주셨습니다. 우리는 예수님과 하나 되어 함께 죽고 장사 지낸 바 되어 함께 부활해서 새것이 되었습니다. 미래에 될 것이 아니요, 지금 되어 가는 것도 아닙니다. 이미 예수님 안에서 다 이루어진 것입니다.

　당신의 옛사람은 이미 그리스도 안에서 지나가 버렸습니다. 당신은 용서 받은 의인이 되었습니다. 그리스도 안에서 성결한 사람이 되었습니다. 치료 받고 건강한 사람이 되었습니다. 아브라함의 복을 받은 사람이 되었습니다. 부활과 영생을 얻은 천국인이 되었습니다. 그리스도 안에서 영혼이 잘됨같이 범사에 잘되며 강건하고 생명을 얻되 넘치게 얻는 사람이 된 것입니다.

　이 모든 것은 하나님이 이미 그리스도 안에서 다 이루어 놓으신 것입니다. 우리 신앙이란 주님이 다 이루어 놓은 것을 깨닫고 받아들여서 바라보고 믿고 입으로 시인하고, 감사하는 마음으로 소유하는 것을 말합니다. 우리의 노력이나 수단으로 되는 일이 아닙니다. 믿음으로 말미암아 붙잡는 것입니다. 오직 믿기만 하면 그리스도의 성령이 오셔서 우리 가운데 기적을 베풀어 주시는 것입니다. 하나님이 그리스도 안에서 우리를 위해 마련해 놓으신 일을 깨닫고, 그것을 바라보고 믿고 기도하고 시인하고 감사히 여기면 새로운 피조물의 역사가 우리의 생애 속에 넘쳐나게 됩니다.

　존 뉴턴은 18세기 영국의 노예선 선장으로, 아프리카 사람들을 잡아다 북미와 남미에 팔아넘기는 무자비한 인신매매의 폭한이었습니다. 그는 배에 노예를 싣고 대서양을 건널 때 취기가 돌면 아무나 끌어내서 바다에 던지는 난폭한 사람이었습니다. 물에 빠진 사람이 상어에게 잡아먹히지 않으려고 허우적거리는 모습을 보면서 웃을 정도로 사악한 악마와 같은 존재였습니다.

그런 고약한 심성의 뉴턴이 어느 날 폭풍을 만나 바다에 빠져 죽을 위기에 처하게 되었습니다. 자신의 생명이 위험에 처한 순간, 그는 자신을 위해 기도해 주시던 어머니가 매일 부르짖던 하나님을 기억해 냈습니다. 그는 그 자리에서 회개하고 자신을 살려 주기만 하면 하나님을 섬기겠다고 기도했습니다. 풍랑에 떠밀려 겨우 육지에 닿은 그는 생명을 건지게 되었습니다. 그리고는 자신의 과거를 속죄하는 마음으로 신을 신지 않고 맨발로 다니는 전도자가 되었습니다. 그가 바로 지금까지도 자주 불리는 '나 같은 죄인 살리신'이라는 유명한 찬송가를 작곡한 사람입니다.

값없이 주어지는 은혜는 대상의 제한이 없습니다. 선착순도 아닙니다. 갖추어야 할 자격 조건도 없습니다. 은혜란 무조건적인 하나님의 선물입니다. 그러므로 삶의 매 순간마다 한량없이 베풀어 주신 은혜를 기억하고, 그 십자가의 은혜의 감격을 되새기며 살아가야 합니다. 그때 하나님의 자녀로서 올바른 정체성을 갖게 되며, 자신에게 주어진 축복을 제대로 누릴 수 있습니다.

십자가의 은혜를 기억하라

1_ 구원은 대가 없이 받은 축복임을 기억하라

예수님이 베푸신 십자가의 은혜는 공짜로 주어지는 선물입니다. 우리는 따로 대가를 치를 필요가 없습니다. 그러한 하나님의 은혜에 감사하며 항상 기억해야 합니다.

2_ 그리스도 안에서 새사람이 되었음을 선포하라

예수님이 십자가에 못 박히심으로써 우리는 죄와 사망에서 건짐을 받았습니다. 이제 옛사람의 옷을 벗어던지고 주님이 다 이루어 놓으신 것을 깨닫고 받아들이십시오.

3_ 삶의 매 순간마다 십자가의 감격을 되새기라

삶의 환경이나 문제를 바라보며 불평하지 마십시오. 구원만으로도 우리는 세상 그 어떤 것과도 비교할 수 없는 큰 선물을 받은 것이라는 사실을 매 순간 기억하고 감사하십시오.

4_ 하나님의 자녀로서의 삶을 살라

구원 받았음을 믿고 시인한 우리는 하나님의 자녀가 되었습니다. 더 이상 죄에 속한 사람이 아닙니다. 하나님의 자녀로서 권세와 축복을 누리는 삶을 기대하고 받아들이십시오.

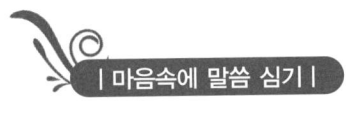

| 마음속에 말씀 심기 |

십자가의 은혜

1_ 내가 그리스도와 함께 십자가에 못 박혔나니 그런즉 이제는 내가 사는 것이 아니요 오직 내 안에 그리스도께서 사시는 것이라 이제 내가 육체 가운데 사는 것은 **나를 사랑하사 나를 위하여 자기 자신을 버리신 하나님의 아들을 믿는 믿음 안에서 사는 것이라** — 갈라디아서 2:20

2_ 십자가의 도가 멸망하는 자들에게는 미련한 것이요 **구원을 받는 우리에게는 하나님의 능력이라** — 고린도전서 1:18

3_ 사람의 모양으로 나타나사 자기를 낮추시고 **죽기까지 복종하셨으니 곧 십자가에 죽으심이라** — 빌립보서 2:8

4_ **하나님이 세상을 이처럼 사랑하사 독생자를 주셨으니** 이는 그를 믿는 자마다 멸망하지 않고 영생을 얻게 하려 하심이라 — 요한복음 3:16

chapter · 2

삼중 축복을 누리는 믿음

사랑하는 자여 네 영혼이 잘됨같이
네가 범사에 잘되고 강건하기를 내가 간구하노라
| 요한삼서 1장 2절 |

제가 천막 교회를 개척하고 목회를 시작하던 시절은 사회적으로도 경제적으로도 굉장히 어려운 때였습니다. 사회는 혼란스러웠고, 서민들은 하루 세끼를 챙겨 먹기가 어려울 정도로 가난했습니다. 뿐만 아니라 수많은 사람들이 각종 질병으로 고통당하고 있었습니다. 그런 그들에게 필요한 것이 바로 희망의 메시지였습니다. 예수님이 우리의 고난과 질병을 모두 지고 십자가에 못 박히셨기에 우리는 그런 고통스러운 삶을 살 필요가 없습니다.

그럼에도 불구하고 대부분의 사람들이 자신의 고통이 고통인 줄도 모른 채 살아가고 있었습니다. 그래서 그들에게 예수 그리스도의 십자가 사건으로 인해 얻게 되는 축복을 전해 주었습니다. 삼중 저주에서 풀려나 삼중 축복을 받게 된 것을 말씀으로 선포했습니다. 이 말씀은 당시 많은 사람들을 변화시켰습니다. 그들이 믿음을 가질 때 저주에서 벗어나게 되고, 육신의 질병에서 고침을 받아 진정한 하나님의 축복을 누리는 자격을 얻는 것입니다. 삼중 축복은 요한삼서 1장 2절의 말씀을 바탕으로 합니다.

"사랑하는 자여 네 영혼이 잘됨같이 네가 범사에 잘되고 강건하기를 내가 간구하노라."

예수님을 믿게 되면 십자가의 은혜로 영혼이 잘됨같이 범사가 잘되며 강건해집니다. 이 진리가 당시 천막 교회에 아프고 지친 몸을 이끌고 나온 성도들에게 힘을 주었으며, 그들이 지금의 여의도순복음교회를 있게 한 기적과 희망의 주인공이 되었습니다.

삼중 축복은 성경 말씀에 근거하고 있긴 하지만 이 메시지를 깨닫는 과정에서 가장 많은 영향을 주신 분은 오랄 로버츠 목사님입니다. 지금은 하나님 품으로 가신 로버츠 목사님은 치유에 관한 사역에 조예가 깊었으며, 보이지 않는 것을 믿는 믿음을 강조한 목회자로서 저의 영적인 멘토이자 스승이십니다.

저는 로버츠 목사님이 저술한 『낫기를 원하면 이것들을 행하라』라는 책을 통해 그의 사상을 접했습니다. 그 책을 읽은 후 그를 열렬히

지지하게 되었습니다. 그가 선포한 말씀이 지금 저의 모든 설교의 기반이 되고 있는 요한삼서 1장 2절이었습니다. 그를 통해 지금의 여의도순복음교회 중심의 말씀이 세워진 것이기도 합니다.

요한삼서 1장 2절에서 말하는 삼중 축복은 영혼과 환경과 육체의 축복을 뜻합니다. 우리가 어렸을 때부터 자주 접한 아담과 하와의 이야기를 보면 아담은 하나님이 먹지 말라고 하신 선악과 열매를 따 먹습니다. 이 불순종의 결과로 아담과 하와는 죄인이 되어 형벌을 받게 됩니다. 하나님은 선악과를 따 먹지 말라고 말씀하실 때 분명 "먹는 날에는 반드시 죽으리라(창세기 2:17)."라고 당부하셨습니다. 그러나 그들은 이를 어기고 하나님이 말씀하신 죽음의 형벌에 처해집니다.

여기서 '죽는다'는 것은 육체의 죽음이 아닌 영의 죽음을 의미합니다. 즉 이전에 아담과 하와가 에덴동산에서 하나님과 자유롭게 거닐며 대화할 수 있었던 것은 영이 살아 있었기 때문입니다. 영적인 존재로 살기 때문에 하나님을 볼 수 있고 하나님과 교제할 수 있었습니다. 그러나 이제는 영이 죽음으로써 하나님과의 관계가 단절되고 말았습니다. 그렇기 때문에 구약 시대에는 하나님을 만나기 위해 제사를 드려야 했던 것입니다. 두 번째 형벌은 "땅이 네게 가시덤불과 엉겅퀴를 낼 것이라 네가 먹을 것은 밭의 채소인즉 네가 흙으로 돌아갈 때까지 얼굴에 땀을 흘려야 먹을 것을 먹으리니 네가 그것에서 취함을 입었음이라(창세기 3:18, 19)."라고 말씀하신 것처럼 땅의 소산을 얻기 위해서는 힘겹게 땀을 흘려 노력해야만 하는 환경의 저주입니다. 세 번째 형벌은 "너는 흙이니 흙으로 돌아갈 것이니라(창세기 3:19)."라는 말씀대로 육신의 질병과 사망의 저주를 말합니다. 이처럼 하나님이 인간에게 내리신 저주는 크게 세 가지로 '삼중 저주'라고 합니다. 이 저주 안에 갇힌 인간을 구원하러 오신 예수님이 십자가에 못 박히심으로써 삼중 저주를 삼중 축복으로 바꾸어 놓으셨습니다.

예수님이 오시기 전인 구약 시대에는 하나님을 만나려면 동물의 피로 제사를 드려야만 그 성소에 들어갈 수 있었습니다. 그러나 예수님이 이 땅에 오시어 십자가에 못 박혀 죽으시면서 성소의 휘장을 찢으셨고, 그 후에는 누구나 지성소에 들어갈 수 있게 되었습니다. 즉 죽었던 인간의 영을 부활시켜 하나님을 만날 수 있는 자격을 주신 것입니다. 예수님은 친히 우리와 하나님을 연결하는 통로가 되어 주셨습니다. 그래서 우리는 하나님께 기도할 때 '예수님의 이름으로'라는 말을 넣어 그분을 통해 하나님 앞에 나아갈 수 있는 것입니다.

십자가 사건으로 지성소에 나아갈 수 있게 되었을 뿐만 아니라 이제 우리 모두 삼중 저주에서 해방되었습니다. 죽었던 영이 살아났으며, 환경의 저주가 풀리고 형통해지는 축복을 받았습니다. 또한 예수님이 채찍에 맞으심으로써 질병으로부터 자유하여 강건함을 얻게 되었습니다. 이것이 바로 삼중 저주가 삼중 축복으로 바뀌게 되는 십자가 사건의 은혜입니다.

| 적용 |

삼중 축복을 누리는 믿음을 가져라

1_ 삼중 저주를 벗어나 삼중 축복을 받게 되었음을 선포하라

십자가 사건으로 인해 우리는 삼중 저주에서 해방되어 삼중 축복을 받게 되었습니다. 이 사실을 선포하고 믿음으로써 삼중 축복을 누리는 삶이 되기 바랍니다.

2_ 영혼이 잘되는 축복을 누려라

하나님은 십자가 사건을 통해 우리의 영을 살리셨습니다. 이제 우리는 영이 살아나 예수님을 통해 하나님 앞에 나아가 날마다 교제할 수 있습니다. 이 축복을 누리는 사람이 영적으로 하나님과 더욱 가까워질 수 있습니다.

3_ 범사에 잘되는 축복을 누려라

우리의 영혼이 잘되면 하나님의 복이 우리와 함께 있기 때문에 범사 또한 잘됩니다. 먼저 하나님의 나라와 의를 구하십시오. 우리의 생활 속에 복이 더해질 것입니다.

4_ 강건해지는 축복을 누려라

예수님이 채찍에 맞으심으로써 질병으로부터 자유하여 강건함을 얻게 되었습니다. 우리의 몸에 있는 질병에 대한 치료와 건강의 회복을 단호하게 주장하십시오.

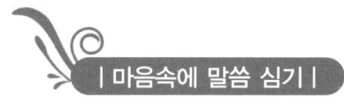

삼중 축복

1_ 사랑하는 자여 <u>네 영혼이 잘됨같이 네가 범사에 잘되고 강건하기를</u> 내가 간구하노라 －요한삼서 1:2

2_ 하나님이 <u>능히 모든 은혜를 너희에게 넘치게 하시나니</u> 이는 너희로 모든 일에 항상 모든 것이 넉넉하여 모든 착한 일을 넘치게 하게 하려 하심이라 －고린도후서 9:8

3_ 그가 찔림은 우리의 허물 때문이요 그가 상함은 우리의 죄악 때문이라 그가 징계를 받으므로 우리는 평화를 누리고 <u>그가 채찍에 맞으므로 우리는 나음을 받았도다</u> －이사야 53:5

4_ 우리 주 예수 그리스도의 은혜를 너희가 알거니와 부요하신 이로서 너희를 위하여 가난하게 되심은 <u>그의 가난함으로 말미암아 너희를 부요하게 하려 하심이라</u>

－고린도후서 8:9

chapter · 3

오중 복음으로 이끄심

이 복음은 모든 믿는 자에게 구원을 주시는 하나님의 능력이 됨이라
| 로마서 1장 16절 |

　삼중 축복은 죽음을 피할 수 없었던 인간에게는 매우 기쁜 소식입니다. 하나님을 믿는 자녀는 그 축복을 누릴 자격을 얻게 됩니다. 그러나 결코 그 축복만을 바라봐서는 안 됩니다. 예수님의 십자가 사건을 통해 얻은 축복이라는 것을 기억하며 살아야 합니다. 만약 예수님의 십자가 사건이 없었다면 우리는 여전히 하나님을 만나기 위해 힘든 제사를 드려야 했을 것입니다.
　예수님은 이 땅에 오실 때 자신이 죽을 것을 아셨지만 이 좋은 소식을 알리는 기쁨이 더 크셨을 것입니다. 예수님이 이 땅에 오시면서 예비하셨던 삼중 축복의 소식은 당신 스스로 십자가에서 죽으시고 부활하심으로써 성취되었습니다.

결국 우리가 말하는 복음은 바로 이 축복들입니다. 복음은 구원을 받는다는 한 가지 의미만을 가진 것이 아니라 삼중 축복을 포함하여 예수님의 모든 사역에서 나타난 결과라고 할 수 있습니다. 저는 그것을 '오중 복음'으로 정리하여 말씀을 선포했습니다. 그리하여 이 복된 소식, 즉 복음을 성도들이 마음에 새기고 자신이 그 복음의 주인공이 되었다는 것을 믿게 했습니다.

중생의 복음

크리스천에게 가장 널리 알려진 복음의 의미는 구원입니다. 이처럼 구원은 복음의 가장 핵심이 되는 내용입니다. 죄에서 구원 받은 우리는 새로운 삶을 살게 됩니다. 다시 태어나는 것, 즉 거듭나는 것입니다. 비록 눈으로 볼 때는 같은 환경과 같은 모습으로 살아가는 것 같지만 믿음을 통해 새로운 환경과 새로운 자아상을 갖게 되는 것입니다.

우리는 구원을 공짜로 얻었기에 때로는 당연하다거나 대수롭지 않게 생각하기도 하고, 감사하는 마음을 쉽게 잃어버리기도 합니다. 그러나 예수님이 우리의 구원을 위해 겪으신 십자가 사건을 기억한다면 아마도 기도할 때마다 눈물을 흘리지 않을 사람은 없을 것입니다.

예수님은 인간의 구원을 위해 육신이 가장 감당하기 힘든 십자가 형벌을 참으셔야 했습니다. 양손과 양발에 대못이 박히고 머리에는 가시로 된 면류관이 씌워졌습니다. 바늘에 살짝 찔리기만 해도 고통을 느끼는 것이 인간의 육신인 법인데, 예수님은 그 가시로 된 면류관을 우리를 대신하여 쓰셨습니다. 또한 십자가에 매달려 조롱당하셨습니다. 예수님은 그 자리에서 내려올 수 있는 능력이 충분히 있었지만 자신이 감당할 사명을 위해 참으셨습니다. 자신을 비웃는 자들을 구원하기 위해 기꺼이 모든 형벌을 감당하셨습니다.

예수님은 "하나님, 하나님이시여! 어찌하여 저를 버리셨나이까?" 하며 고통의 극점에서 괴로워하면서도 끝까지 십자가에서 내려오지 않으셨습니다. 이렇게 예수님 한 분의 희생을 통해 얻은 것이 바로 구원이며, 그로 인해 우리가 거듭난 인생을 살 수 있음을 잊어서는 안 됩니다.

초기 한국 교회의 부흥을 주도한 인물인 김익두 목사는 젊은 시절 날마다 주색잡기에 빠져 방탕하게 살며 사람들을 괴롭히는 불량배였습니다. 동네 사람들과 시장 상인들이 매일 아침 "부디 오늘, 호랑이 익두인지 억두인지와 마주치지 않게 해주세요."라고 빌 정도로 모두가 꺼리는 인간이었습니다. 그러던 어느 날 장에 나갔던 그는 선교사가 전해 준 전도지를 보고 회심하기에 이릅니다. 그 후 그에게 근본적인 변화가 찾아왔습니다. 예수를 믿고 회개한 다음 그는 사람들에게 자신의 부고장을 돌렸습니다.

'김익두는 죽었다.'

사람들은 깡패 김익두가 죽었다는 소식에 "잘됐다! 우리를 괴롭히던 김익두가 죽었으니 이젠 가슴 펴고 편하게 살겠네."라며 기뻐했습니다. 그런데 어느 날 시장 한복판에 죽었다던 김익두가 나타났습니다. 사람들은 "아니 당신, 죽었다더니 어떻게 된 겁니까?"라고 따져 물었습니다. 그러자 그는 "예전에 깡패였던 김익두는 죽었습니다. 나는 이제 하나님의 자녀로 새로 태어났습니다."라고 답했습니다.

그는 말로만 그런 것이 아니라 실제로 이전과는 다른 새 삶을 살았습니다. 완전히 새사람의 옷을 입고, 거듭난 사람이 되었습니다. 즉시 깡패 생활을 청산한 그는 훗날 유명한 부흥사가 되었는데, 특히 신유의 역사와 기적들을 통해 살아 계신 하나님을 증거했습니다. 당시 1만여 명의 사람들이 함께 이 신유의 기적을 경험했습니다.

김익두 목사는 환난과 핍박 가운데 고통 받는 우리 민족에게 하나님에 대한 소망을 잃지 않도록 큰 역할을 했습니다. 복음의 불모지였던 한국 땅에 150여 개의 교회를 세웠으며, 28만 명을 회심시켰습니다.

겨우 한 사람의 삶의 변화가 결과적으로는 이렇게 크게 쓰임 받을 수 있습니다. 그가 만약 계속해서 깡패로 살았다면 동네 시장의 약한 사람들을 호령할 수는 있었을지도 모릅니다. 그러나 결코 생명을 살리는 귀한 사명을 감당할 순 없었을 것입니다.

구원 받아 새롭게 태어난 삶은 이전과 확연히 다릅니다. 거듭난 사람은 과거의 모든 죄악과 허물을 벗어 버리고 새로운 삶을 살 수 있습니다. 예수님이 우리에게 오셨기 때문에 어둠이었던 인생이 이제는 빛의 인생이 되었습니다. 여기서 반드시 기억해야 할 것은 이 진리를 믿고 시인하는 사람만이 복음의 혜택을 입는 주인공이 될 수 있다는 사실입니다.

성령 충만의 복음

복음은 단지 구원을 받는 것에서 끝나지 않습니다. 예수님은 부활하신 후 승천하기 전에 제자들에게 약속하신 것이 있습니다.

"볼지어다 내가 내 아버지께서 약속하신 것을 너희에게 보내리니
(누가복음 24:49)"

여기서 약속하신 것은 '성령'을 말합니다. 예수님은 "이제 육신의 몸으로 너희와 함께할 순 없지만 성령을 보내어 너희와 함께하겠다."라고 말씀하셨습니다.

예수님이 하늘로 승천하신 후 현재 2천 년이라는 시간이 지났습니다. 그럼에도 불구하고 여전히 우리의 삶 곳곳에서 예수님의 임재하심을 느낄 수 있습니다. 어떻게 이런 일이 가능할까요? 바로 예수님이 제자들에게 약속하신 성령이 우리 안에 들어와 있기 때문입니다. 우리는 이 성령 충만을 통해 예수님을 체험할 수 있는 것입니다.

성령이 충만한 삶은 능력이 있습니다. 베드로는 사도행전 2장 17절에서 "하나님이 말씀하시기를 말세에 내가 내 영을 모든 육체에 부어 주리니 너희의 자녀들은 예언할 것이요 너희의 젊은이들은 환상을 보고 너희의 늙은이들은 꿈을 꾸리라."라고 말했습니다. 성령이 부어지면 하나님의 능력이 우리 안에 생깁니다. 이전에는 볼 수 없던 것들을 볼 수 있으며, 생각지도 못한 것들이 떠오르게 됩니다.

베드로도 성령 충만을 통해 능력을 입었습니다. 본래 어부였던 베드로는 학문과는 거리가 먼 사람이었습니다. 당연히 사람들을 가르치거나 연설하는 재능도 없었습니다. 그런 그가 성령 충만의 은혜를 입고는 3천 명 앞에서 복음을 전하게 되었으며 그 모든 사람이 회심하는 역사가 일어났습니다.

이런 능력이 나타나는 성령 충만의 근거는 예수님을 믿는 믿음이지만, 예수님을 믿는다고 해서 누구나 다 그 은혜와 능력을 체험하는 것은 아닙니다. 제자들은 예수님을 3년 동안 따라 다니며 그분의 놀라운 능력을 눈으로 보고 믿었습니다. 그러나 그들 안에 성령이 충만하지 않았기에 정작 예수님이 잡혀가실 때는 아무도 그 곁에 남아 있지 않고 도망쳤습니다. 뿐만 아니라 예수님이 십자가에 못 박혀 죽으신 후에도 모두들 다시 어부의 삶으로 돌아갔습니다. 예수님을 전하는 자는 아무도 없었습니다.

그러나 사도행전 2장에 나타나듯이 오순절에 마가의 다락방에서 성령이 임한 제자들은 그 후 전인격적인 변화를 체험하게 됩니다. 목숨을 걸고 복음을 전파하러 사마리아와 온 유대와 땅끝까지 가는 용기와 능력이 생겨난 것입니다. 제자의 삶에서 사도의 삶으로 변화한 결정적인 계기가 바로 '성령 충만'이었습니다.

"그들이 다 성령의 충만함을 받고 성령이 말하게 하심을 따라 다른 언어들로 말하기를 시작하니라(사도행전 2:4)."

여기서 알 수 있는 사실은 구원과 성령 충만은 동시에 일어나는 것이 아니라는 점입니다. 구원 받는다고 해서 그 즉시 성령 충만으로 이어지는 것이 아닙니다. 사울은 예수님을 만나 강한 빛으로 인해 눈이 멀어 3일간 식음을 전폐하며 기도했습니다. 그런 사울에게 아나니아가 찾아와 안수를 하자 성령 충만을 받아 다시 볼 수 있게 되었습니다. 그 후 사울은 바울이 되고 사도로서 능력 있는 사역을 시작하게 됩니다.

이처럼 구원을 받는 것과 성령 충만을 입는 것은 별개의 사건입니다. 그렇기에 구원 받은 후에는 능력 있는 그리스도인으로 살기 위해 성령 충만을 입어야 합니다. 이것은 수련회나 부흥회 등에서 뜨거운 성령 세례의 증거로 방언을 말하고 환상을 보는 일시적인 현상을 뜻하는 것이 아닙니다. 성령 충만이란 성령의 임재가 계속되는 삶을 말합니다. 이를 위해 우리는 매일 성령님의 임재를 구하며 환영하고 모셔 들여야 합니다. 그때 온전히 성령이 충만한 복음의 능력을 입은 사람으로 살아갈 수 있게 됩니다.

신유의 복음

예수님은 질병의 고통에 시달리고 있는 인간을 위해 공생애 기간의 3분의 2 이상을 치유 사역에 할애하셨습니다. 사람들은 예수님이 죽은 자를 살리시고, 나병 환자를 낫게 하시며, 눈먼 자를 보게 하시는 모습을 통해 천국에 대한 증거를 목격하게 됩니다. 이것은 그들에게 믿음을 심어 주는 계기가 되기도 했습니다. 오늘날의 신유의 역사 역시 마찬가지입니다. 병든 자들이 치유 받는 역사를 통해 믿지 않고 의심 많던 사람들이 예수님을 믿게 되기도 합니다.

그러나 주님은 치료를 천국의 증거로만 보여 주신 것이 아닙니다. 지금 우리 시대에 나타나는 신유의 역사도 단순히 안 믿는 자들을 믿게 하기 위한 징표로서 나타나는 것이 아닙니다. 예수님이 십자가에 못 박히고 몸이 찢기며, 피 흘림을 통해 우리의 질병을 대신 지고 가셨기 때문에 치유의 은혜가 나타나는 것입니다. 다시 말해 "그가 채찍에 맞음으로 너희는 나음을 얻었나니(베드로전서 2:24)"라는 말씀처럼 예수님이 우리를 대신해서 육신의 질고를 지셨기 때문에 우리가 질병에서 나음을 입을 수 있는 것입니다. 예수님은 그렇게 십자가에 매달려 죽으시면서 우리의 영만 살리신 것이 아니라 육신도 살리셨습니다.

이사야 53장 4절에서 "그는 실로 우리의 질고를 지고 우리의 슬픔을 당하였거늘 우리는 생각하기를 그는 징벌을 받아 하나님께 맞으며 고난을 당한다 하였노라."라고 말하듯이 예수님이 채찍에 맞으시는 고난은 우리에게 전할 신유의 복음을 준비하기 위함이었습니다. 그렇기 때문에 치유의 역사는 예수님이 승천하신 이후에 성령의 능력으로 지금까지도 나타나고 있습니다.

1980년에 대만으로 교역자 부흥 수련회를 갔을 때의 일입니다. 당시에 주영화 목사의 교회를 섬기던 두 명의 장로가 우리 일행을 찾아왔습니다. 그들은 저에게 성회 중 성령과 기적과 신유에 대해 설교하지 말 것을 당부했습니다. 그들뿐 아니라 대만에 파송된 다른 선교사들도 제게 같은 말을 했습니다. 대만 사람들은 의심이 많아서 병이 나았다 해도 단상으로 나오지 않을 것이라는 이야기였습니다. 그들은 제가 창피를 당할까 염려스러워 귀띔을 해준 것이었습니다.

그러나 신유는 성령님이 베푸시는 것이며, 믿는 모든 자에게 주어지는 은혜이기 때문에 제 의지와는 상관이 없는 일입니다. 그러니 그들의 말에 연연할 필요가 없었습니다. 저는 말씀 선포 후에 성령의 인도하심을 따라 바로 신유 기도를 올렸습니다. 기도 후 병이 나은 사람은 손을 들어 보라고 했지만 아무도 없었습니다. 두 번째로 다시 기도하고 손을 들라고 했지만 역시 아무도 없었습니다. 세 번째 기도를 마치자 한 사람이 지팡이를 들고 앞으로 천천히 걸어 나왔습니다. 그 사람을 본 단상에 있던 목사들이 눈이 휘둥그레지며 웅성거리기 시작했습니다.

그는 어려서부터 다리가 불편하여 지팡이를 짚고 다녔는데 이제는 더 이상 필요 없다며 단상에 그 지팡이를 두고 내려갔습니다. 단상 뒤에 앉아 있던 목사들이 계속 수군거렸지만 저로서는 그 이유를 알 수 없었습니다. 단지 '의심이 많다던 대만 사람들 중에 용기 있게 치료 받았음을 고백하는 이가 나오자 놀랐나 보다.'라고만 여겼습니다.

그런데 나중에 알고 보니 그는 대만 신학교의 이사장이자 목사였습니다. 그는 원래 저를 이상한 목사로 알고 싫어했다고 합니다. 심지어 학생들을 성회에 참석하지 못하게 하려고 일부러 그 날짜에 맞춰 시험을 치렀을 뿐만 아니라 평소에도 저를 비방했다고 했습니다.

그랬던 그가 어쩔 수 없이 참석한 저의 집회에서 어릴 적부터 아팼던 다리를 치료 받고 단상 앞으로 나왔으니 목사들이 놀라는 것도 무리는 아니었습니다. 그날 밤 주영화 목사가 숙소로 저를 찾아왔습니다. 주 목사는 그 신학교 이사장이 자신을 찾아와 크게 회개하면서 내일부터는 신학생 전원을 성회에 참석시키기로 약속했다고 전해 주었습니다.

이처럼 치유의 역사는 지금 이 순간에도 계속 일어나고 있습니다. 이런 치유의 역사는 어쩌다 하루에 잠깐 일어나는 일회적인 기적이나 사건이 아닌 일상적인 일입니다. 때문에 치유 받을 것을 의심하지 않고, 확실히 믿고 기도하는 사람은 누구나 질병에서 해방될 수 있습니다. 죄 사함과 치유는 주님이 베풀어 주시는 똑같은 은혜입니다. "그가 네 모든 죄악을 사하시며 네 모든 병을 고치시며(시편 103:3)"라는 말씀을 통해 그 사실을 분명히 알 수 있습니다.

그런데도 요즘 사람들은 치료하시는 능력의 그리스도를 인정하지도 않고 모셔 들이지도 않으며, 오히려 신학적인 그리스도와 철학적인 그리스도, 그리고 역사적인 그리스도만 전파합니다. 이것은 성령의 능력을 행하신 예수님을 인정하지도 받아들이지도 않은 교법사와 바리새인의 태도와 닮아 있습니다. 오늘날에도 많은 사람들이 신유에 대해 비난하고 공격하고 경고합니다. 그러나 말씀에 나와 있듯이 치료는 하나님의 뜻입니다. 성경은 그 누구도 반박하거나 바꿀 수 없는 진리입니다. 그러므로 성경 말씀을 따라 질병에서 해방되는 신유의 은혜를 덧입기 바랍니다.

축복의 복음

예수 그리스도의 대속은 영과 육에만 속한 것이 아닙니다. 예수님은 우리의 생활과 환경 속에 있는 수많은 저주를 물리치고 축복을 선물로 주셨습니다. 그럼에도 불구하고 많은 사람들이 그 축복이 자기 것인지 모른 채 살아갑니다. 저주로 인해 생긴 고된 삶을 자신이 져야 할 십자가로 여기며 사는 모습을 볼 때면 안타까운 마음이 듭니다.

생활 가운데 가장 문제가 되는 것은 바로 가난입니다. 전 세계를 보더라도 기아와 굶주림은 삶을 파괴하는 무서운 재앙임을 알 수 있습니다. 그러나 이 가난과 굶주림은 주님이 주신 것이 아닙니다. 오히려 예수님은 이러한 환경의 저주로부터 우리를 속량시켜 주셨습니다.

예수님은 모든 것을 다 가지신 부요한 분이지만 가장 낮은 모습으로 이 땅에 태어나셨습니다. 예수님은 이 일을 통해 우리가 겪어야 할 가난의 저주를 대신 짊어지셨습니다. 십자가에 못 박히시면서 환경의 저주도 함께 못 박은 것입니다. 성경은 이 사실에 대해 분명히 말하고 있습니다. "그리스도께서 우리를 위하여 저주를 받은 바 되사 율법의 저주에서 우리를 속량하셨으니(갈라디아서 3:13)" 뿐만 아니라 이를 통해 축복을 받게 되었습니다.

"이는 그리스도 예수 안에서 아브라함의 복이 이방인에게 미치게 하고 또 우리로 하여금 믿음으로 말미암아 성령의 약속을 받게 하려 함이라(갈라디아서 3:14)."

십자가 사건으로 인해 예수님을 믿는 자녀는 아브라함의 복을 누리는 신분이 되었습니다. 이것을 확실히 믿고 선포해야 합니다. 하나님은 복을 그냥 적당히 주신 것이 아닙니다. "하나님이 능히 모든 은혜를 너희에게 넘치게 하시나니 이는 너희로 모든 일에 항상 모든 것이 넉넉하여 모든 착한 일을 넘치게 하게 하려 하심이라(고린도후서 9:8)."

우리가 받은 축복을 통해 다른 사람에게도 전해질 수 있도록 넘치게 주셨습니다. 넘치게 부어 주시는 예수님의 사랑을 기억하며 그 축복을 누려야 합니다.

환경의 축복을 누리는 비법 중에 하나가 바로 '순종'입니다. 아브라함은 순종을 통해 그 환경의 축복을 누렸습니다. 아브라함은 하나님이 본토 친척인 아비 집을 떠나라고 했을 때, 어딘지도 모르는 그곳을 향해 순종함으로 나아갔습니다. 아브라함이 살았던 고대 시대는 부족이 함께 모여 사는 것이 당연하면서도 매우 중요하게 여겨지던 시절이었습니다. 가족의 개념이 단지 함께 사는 공동체가 아닌 생명을 유지하기 위한 필수 조건이었기 때문입니다. 그런데도 아브라함은 목적지도 모른 채 자신의 생명을 지켜 주는 울타리인 그 가족 공동체를 떠났습니다.

또한 당시 아브라함이 살았던 '우르'라는 지역은 당대 최고의 도시로 부의 중심지였습니다. 아브라함은 그 모든 것을 버리고 하나님의 명령에 즉시 순종한 것입니다. 게다가 100세에 얻은 자기 목숨보다 귀한 아들을 제물로 바치라고 했을 때도 역시 온전히 순종했습니다. 이는 결코 쉽지 않은 크나큰 결단을 필요로 하는 일이었습니다. 이런 결정적인 순종들을 통해 아브라함은 자신뿐 아니라 자신의 후손들까지도 거부가 되는 귀한 축복을 받게 됩니다. 그의 아들 이삭은 가는 곳마다 부의 원천이 되는 우물을 발견하는 축복을 누렸고, 야곱은 그가 하는 모든 일에서 엄청난 재산을 모으는 축복을 얻었습니다.

아브라함은 재산의 축복뿐 아니라 자손의 축복도 얻었습니다. 믿음의 조상이라는 명칭은 아브라함을 통해 예수님이 탄생할 것임을 나타내는 말입니다. 성경에 나오는 여러 인물들 역시 대부분이 아브라함의 자손이며, 현재 크리스천들은 믿음으로 아브라함의 자손이 되었다고 표현되고 있습니다. 수세기가 지난 지금도 믿음의 아버지, 믿음의 조상으로 불리는 것만큼 귀한 축복은 없을 것입니다.

이 축복은 과거에 아브라함에게만 주어진 것이 아닙니다. 예수님을 믿는 우리도 말씀에 따라 순종한다면 누구나 받을 수 있습니다. 그것은 예수 그리스도로 인해 가능해졌습니다. 고린도후서 8장 9절은 "우리 주 예수 그리스도의 은혜를 너희가 알거니와 부요하신 이로서 너희를 위하여 가난하게 되심은 그의 가난함으로 말미암아 너희를 부요하게 하려 하심이라."라고 말하고 있습니다.

이처럼 말씀은 우리에게 복을 주는 메시지를 분명하게 전하고 있습니다. 그러므로 우리는 단순히 구원 받은 것에 만족하는 삶을 살아서는 안 됩니다. 예수님이 전하고자 하신 축복의 복음을 받아들여야 합니다. 하나님의 말씀에 순종하며 신뢰함으로 나아가면 때가 되었을 때 하나님이 차고 넘치게 축복을 부어 주십니다.

천국과 재림의 복음

우리가 형통의 복을 누리며 살아가는 그때에 비로소 우리에게 천국과 재림의 복이 주어집니다. 죽음은 끝이 아닙니다. 영원한 세계에서의 새로운 시작입니다. 우리 그리스도인들에게는 죽음 이후 하나님께서 예비하신 천국에서의 영원한 삶이 시작됩니다. 천국은 하나님께서 주신 새 하늘과 새 땅으로 영원히 새로운 곳입니다. 이러한 곳에 거룩한 성, 즉 새 예루살렘이 하늘로부터 내려오는데 이 새 예루살렘은 새 하늘과 새 땅의 수도입니다. 새 예루살렘이 얼마나 아름다운지 신부가 남편을 위해 단장한 것 같다고 기록하고 있습니다. 우리 성도들은 바로 그 곳에 들어가 살게 되는 것입니다. 그곳은 밤이 없고 저주와 사망, 고통이 없는 참으로 좋은 곳이며 영원히 새로운 세계입니다.

> "또 내가 새 하늘과 새 땅을 보니 처음 하늘과 처음 땅이 없어졌고 바다도 다시 있지 않더라 또 내가 보매 거룩한 성 새 예루살렘이 하나님께로부터 하늘에서 내려오니 그 준비한 것이 신부가 남편을 위하여 단장한 것 같더라(요한계시록 21:1, 2)."

성경에서 아직 실현되지 않은 유일한 부분은 바로 예수님의 재림입니다. 그러나 성경의 예언대로 예수님은 곧 오실 것입니다. 그러므로 우리는 종말 신앙을 가지고 신앙생활을 해야 합니다. 오늘이 나의 마지막 날이라고 생각하면서 살아야 한다는 뜻입니다. 시한부 인생을 살게 된다면 누구나 최선을 다할 수밖에 없을 것입니다. "당신에게는 이제 하루밖에 남지 않았습니다."라는 말을 듣는다면 아마 그럴 수밖에 없을 것입니다.

저와 여러분의 삶이 호흡을 멈추는 그날까지 예수님을 전할 수 있길 바랍니다. 목숨 바쳐 주님을 사랑하길 원합니다. 있는 힘을 다해 주님을 섬기길 기도합니다. 죽음은 끝이 아닙니다. 새로운 시작입니다. 영원한 시작입니다. 그래서 믿는 자의 죽음을 복된 죽음이라고 하는 것입니다.

재림의 복음이 우리에게 주는 의미는 예수님이 언제 오실지 아무도 모르기 때문에 매일의 삶을 내일 예수님이 오시는 것처럼 살아야 한다는 데 있습니다. 그런데 요즘 크리스천들을 보면 마치 예수님이 오시지 않을 것이라 여기는 듯 살아갑니다. 뿐만 아니라 육신의 죽음 후 심판대에서 예수님을 만나는 것에 대해서도 전혀 신경쓰지 않고 세상에 이끌려 다닙니다.

이제부터라도 내일 예수님이 오신다는 생각으로 하루하루 기도와 예배에 목숨을 걸어 모든 순간을 하나님께 드리십시오. 그러면 진짜 재림의 복음이 전해지는 순간, 그 복음을 누릴 수 있다는 것을 명심해야 합니다.

이렇게 예수 그리스도의 십자가 사건을 통해 우리는 삼중 축복과 오중 복음을 누릴 수 있게 되었습니다. 그럼에도 불구하고 많은 사람들이 자신이 그 축복의 주인공임을 모른 채 살고 있습니다. 심지어 예수 그리스도를 믿는다고 고백하며 매 주일 경건하게 예배를 드리면서도 주일을 제외한 6일 동안은 마치 예수님이 이 세상에 없는 것처럼 행동합니다.

그런 태도는 결코 우리를 삶의 굴레에서 해방시킬 수 없습니다. 앞에서 살펴보았듯이 예수님은 삶의 모든 영역에서 저주를 속량해 주셨고, 이제 우리는 그분의 그늘 아래서 평안함과 축복을 누릴 자격이 있습니다. 그런데도 많은 이들이 이전에 가졌던 질병, 가난, 영적 억눌림 등 모든 저주를 그대로 안고 살아갑니다. 저 역시도 성령의 계시를 통해 4차원의 영적 세계를 깨닫기 전까지는 가난하고 병든 삶을 살았습니다. 그러나 누구든지 4차원의 영적 세계에 대한 비밀을 깨닫는다면 십자가의 구원을 통해 얻은 축복을 누릴 수 있음을 알게 되었습니다.

4차원의 영성은 여의도순복음교회의 사상적 토대를 이루며, 삼중 축복과 오중 복음에 유기적으로 연결되어 있습니다. 예수 그리스도의 십자가 구원을 인정하고 시인하여 삼중 축복과 오중 복음을 누리는 새로운 피조물이 된 우리에게는 4차원의 영성을 통해 능력 있는 그리스도인으로서의 삶을 살 권리가 있습니다. 이제 당신을 4차원의 영적 세계로 초대하시는 성령님의 인도하심을 따라 놀라운 축복의 비밀에 대한 공부를 시작하겠습니다.

오중 복음으로 이끌라

1_ 중생의 복음: 죄로 죽었던 영을 살려라
거듭난 사람은 과거의 모든 죄악과 허물을 벗어 버리고 새로운 삶을 살 수 있습니다. 삶의 변화를 통해 생명을 살리는 귀한 사명을 감당하십시오.

2_ 성령 충만의 복음: 그리스도로 충만한 삶을 살라
구원 받은 후에는 능력 있는 그리스도인으로 살기 위해 성령 충만을 입어야 합니다. 매일 성령님의 임재를 구하며 환영하고 모셔 들이십시오.

3_ 신유의 복음: 육체의 연약함과 질병으로부터 구원 받으라
죄 사함과 치유는 주님이 베풀어 주시는 똑같은 은혜입니다. 구원 받은 우리는 병으로부터도 해방되었다는 사실을 믿으십시오.

4_ 축복의 복음: 주님이 주신 부요함의 축복을 누려라
예수님은 우리의 환경 속에 있는 수많은 저주를 물리치고 축복을 선물로 주셨습니다. 하나님이 주시는 차고 넘치는 축복의 주인공이 되십시오.

5_ 재림의 복음: 재림과 천국을 사모하며 살라
예수님은 이 땅에 다시 오신다고 약속하셨습니다. 언제 오실지 아무도 모르기 때문에 매일의 삶을 마지막 날이라고 생각하면서 최선을 다해 주님을 섬겨야 합니다.

 | 마음속에 말씀 심기 |

오중 복음

1_ 다른 이로써는 구원을 받을 수 없나니 <u>천하 사람 중에 구원을 받을 만한 다른 이름을 우리에게 주신 일이 없음이라</u> 하였더라 — 사도행전 4:12

2_ 내가 아버지께 구하겠으니 그가 <u>또 다른 보혜사를 너희에게 주사 영원토록 너희와 함께 있게 하리니</u> — 요한복음 14:16

3_ 친히 나무에 달려 그 몸으로 우리 죄를 담당하셨으니 이는 우리로 죄에 대하여 죽고 의에 대하여 살게 하심이라 <u>그가 채찍에 맞음으로 너희는 나음을 얻었나니</u> — 베드로전서 2:24

4_ 너희가 기도할 때에 <u>무엇이든지 믿고 구하는 것은 다 받으리라 하시니라</u> — 마태복음 21:22

5_ 이것들을 증언하신 이가 이르시되 <u>내가 진실로 속히 오리라 하시거늘</u> 아멘 주 예수여 오시옵소서 — 요한계시록 22:20

영은 4차원에 속한 것이기 때문에 3차원에 있으면서도 3차원을 초월합니다.
우리는 몸으로써 존재하지만 3차원인 그 몸이 죽는다 해도 영은 그렇지 않습니다.
영은 3차원을 초월하므로 그대로 떠나 예수님 곁으로 가는 것입니다.

Part 2

4차원 영적 세계로의 초대

4th Dimensional Spirituality

4th Dimensional
Spirituality

진실로 너희에게 이르노니 무엇이든지
너희가 땅에서 매면 하늘에서도 매일 것이요
무엇이든지 땅에서 풀면 하늘에서도 풀리리라

| 마태복음 18장 18절 |

chapter · 1

3차원의 인생, 4차원의 영성

믿음으로 모든 세계가 하나님의 말씀으로 지어진 줄을 우리가 아나니
보이는 것은 나타난 것으로 말미암아 된 것이 아니니라
| 히브리서 11장 3절 |

어느 날 하나님께 간절히 기도하는 중에 마음 깊은 곳에서부터 성령의 강한 감동이 밀려왔습니다. 마음속에서 이런 음성이 들렸습니다.

"조 목사, 1차원이 무엇이냐?"

"네. 1차원은 두 점 사이를 이어 그은 선입니다."

그러자 하나님은 즉각 말씀하셨습니다. 가볍게 웃음과 미소를 띠시는 것도 같았습니다.

"틀렸다."

"네? 1차원은 선이 아닙니까?"

"그렇다. 1차원은 두 점 사이에 선을 긋지만 두께도 없고 넓이도 없어야 한다. 1차원은 두께와 넓이가 없는 선이므로 그것은 가상의

선이다."

"그렇군요, 하나님."

순간 무릎을 치듯 퍼뜩 떠올랐습니다. 만약 연필로 선을 그으면 그 선의 연필심 높이만큼 두께가 생깁니다. 그렇다면 선을 긋는 순간에 벌써 그 선은 1차원이 아닙니다. 이미 두께가 생겼기 때문에 정확히 말하면 2차원이 됩니다. 그어진 만큼의 길이를 가지는 평면이 되는 것입니다. 그러니까 1차원은 두께도 없고 평면도 없는 선이어야 하기 때문에 1차원적인 개념의 선은 가상의 선이 되는 것입니다. 그렇기 때문에 우리가 표현하고 그리는 1차원은 그려지는 순간에 운명적으로 2차원 속으로 빨려 들어가 지배를 받게 됩니다. 그러나 그런 상황을 1차원 입장에서 보면 1차원은 2차원을 포함하고 끌어안은 1차원으로 이해할 수 있습니다.

똑같은 원리로 2차원은 평면인데 그 평면을 그리는 순간에 이미 1차원적인 선에 두께가 생기기 때문에 수학적인 이해로는 2차원이지만 실제로는 3차원인 입체가 됩니다. 물론 현미경으로 보아야 알 수 있지만 말입니다. 1차원과 마찬가지로 2차원인 평면도 실제로는 가상적인 것입니다. 전혀 두께가 없는 평면이 2차원이기 때문입니다. 그렇다면 2차원도 운명적으로 싫든 좋든 3차원에 속하여 지배를 받게 됩니다. 2차원의 입장에서는 3차원을 포함하는 2차원이 되는 것입니다.

그렇다면 3차원은 면으로 만들어지는 입체인데, 입체를 만드는 순간에 공간이 들어오기 때문에 온전한 3차원이 아닙니다. 3차원적인 입체 개념도 가상적이 되는 것입니다. 따라서 3차원은 운명적으로 4차원의 지배를 받으면서도 4차원인 시공간을 포함하게 됩니다. 즉 3차원은 4차원을 포함한 3차원이 되는 것입니다.

그러므로 3차원은 입체, 즉 시간과 공간을 포함하고 있으며, 시간과 공간이 생기는 동시에 이미 공간은 무한에 소속되고 시간은 영원에 소속됩니다. 다시 말하면 공간은 무한에 속하면서도 무한을 포함한 공간이 되고, 시간은 영원에 속하면서도 영원을 포함한 시간이 되는 것입니다. 공간에는 무한이 들어와 있고 시간에는 영원이 들어와 있다는 뜻입니다. 그래서 4차원은 3차원의 공간에 시간이 더해져 생기는 시공간의 세계라고 말할 수 있습니다. 감각적인 세계를 뛰어넘은 영혼의 세계이자 영적인 세계인 것입니다.

영원과 무한의 주인은 하나님이십니다. 하나님 자체가 영원하시며 무한하십니다. 성령님은 이것에 대해 저에게 뚜렷이 말씀해 주시고 깨닫게 하셨습니다.

"나는 구만리장천 멀리 있는 존재가 아니다. 너희는 너희끼리 은밀하게 이야기한 것을 내가 알아듣지 못한다고 생각하며, 너희의 앉고 서는 것 또한 내가 모른다고 생각한다. 그것은 잘못된 생각이

다. 나는 너희의 심장보다도 더 가까이에 있는 존재이니라."

　사람은 입체적인 존재입니다. 사람은 3차원의 세계에 속해 있기 때문에 3차원이 생기자마자 운명적으로 4차원에 속하고 그 4차원의 지배를 받는 존재로 지어졌습니다. 따라서 입체적인 존재이기에 3차원이라는 공간이 생기면서 무한이 우리 안에 들어와 있고, 시간이 생기면서 영원 또한 우리에게 들어와 있습니다. 이것은 하나님을 믿는 사람이나 그렇지 않은 사람이나 모두에게 다 포함되는 원리입니다. 즉 3차원의 입체적인 모든 인간은 무한과 영원에 점령당하는 존재로 창조된 것입니다. 그러므로 우리는 앉으나 서나, 자나 깨나 하나님께 점령당하게 되어 있습니다.
　이런 원리는 하나님을 인식하게 하는 중요한 단서입니다. 높은 차원이 낮은 차원을 포함하고 다스린다는 것은 매우 과학적인 이치입니다. 그렇기 때문에 영원하고 무궁한 존재이신 하나님은 우리가 사는 3차원 이하의 모든 세계를 다스리시는 것입니다.

4차원에 속한 하나님이 만드신 3차원의 세계

　성경은 "하나님은 만유 안에 계시며, 만유를 초월하신다."라고 말씀하고 있습니다. 이 말씀을 차원의 개념에 넣어 해석하면 이렇습니다. 4차원은 3차원에 있으면서도 3차원을 초월하고, 3차원은 2차원에 있으면서도 2차원을 초월하며, 2차원은 1차원에 있으면서도 1차원을 초월합니다. 따라서 4차원은 시간과 공간 속에 있으면서도 시간과 공간을 초월합니다.

그렇다면 4차원은 영적인 세계입니다. 창세기는 땅이 혼돈하고 공허하고 흑암이 깊음 위에 있었다고 말합니다. 그러므로 창조된 이 세계는 3차원의 세계입니다. 그리고 그 3차원의 세계를 성령님이 마치 암탉이 알을 품듯 운행하셨습니다. 성령님은 무한하고 영원하신 하나님의 모습이십니다. 이렇게 성령님이 운행하시자 3차원의 세계에 창조적인 역사가 일어나기 시작합니다. 하나님께서 말씀하셨습니다.

"빛이 있으라."

그러자 빛이 생겨났습니다. 존재하는 무엇인가가 변한 것이 아니라 아무것도 없는 무(無)의 상태에서 빛이 창조된 것입니다. 계속해서 또 말씀하셨습니다.

"궁창이 있어 물과 물로 나뉘게 하라."

그러자 궁창 아래의 물과 궁창 위의 물로 나뉘었고, 궁창을 하늘이라 이름 붙이셨습니다. 궁창의 창조 역시 없는 것[無]에서 보이는 아름다운 세상, 즉 있는 것[有]으로 만드신 것입니다. 3차원의 세계 자체가 진화한 것이 아니라 4차원에 속한 성령님이 품으시며 친히 창조하신 것입니다.

4차원은 영적인 세계입니다. 인간은 영혼을 가진 영적인 존재이기 때문에 3차원의 세계에 있으면서 4차원에 속합니다. 인간의 영은 하나님의 존재에는 비길 바가 못되지만 하나님의 형상과 모양대로 만들어졌기 때문에 영원함과 무한함이 무엇인지는 알 수 있습니다. 인간의 육체는 흙으로 돌아가지만 영혼은 천국에 가든 지옥에 가든 영원히 존재하게 됩니다. 이런 4차원적인 의미에서 보면 인간은 영원히 사는 존재입니다. 인간의 영은 3차원인 육을 다스립니다. 그 영이 상하면 육체가 병들고, 그 영이 성하면 육체가 건강한 것입니다.

인간의 영은 육체의 어느 한 부분에 자리 잡고 있는 것이 아니라 우리의 몸속에 가득 차 있습니다. 4차원은 3차원을 포함하면서도 3차원 속에 존재하기 때문입니다. 이것은 몸속에 있으면서도 3차원의 지배를 받지 않고 육신을 초월합니다.

사도 요한은 몸은 분명히 밧모 섬에 있으면서도 그 육체를 초월하여 하늘로 올라가 하늘의 영광을 다 보았습니다. 그렇게 자신이 본 그대로 요한계시록을 작성한 것입니다. 동물은 육을 초월할 수도, 생각과 말을 할 수도 없습니다. 왜냐하면 영이 없기 때문입니다.

실로 놀랍지 않습니까? 영은 4차원에 속한 것이기 때문에 3차원에 있으면서도 3차원을 초월합니다. 우리는 몸으로써 존재하지만 3차원인 그 몸이 죽는다 해도 영은 그렇지 않습니다. 영은 3차원을 초월하므로 그대로 떠나 예수님 곁으로 가는 것입니다.

4차원의 지배를 받는 3차원의 인간 세계

골로새서 1장 13절을 보면 "그가 우리를 흑암의 권세에서 건져 내사 그의 사랑의 아들의 나라로 옮기셨으니"라고 말씀하고 있습니다. 이는 우리가 구원 받았을 때 마귀의 4차원으로부터 건짐을 받아 하나님의 거룩한 4차원으로 옮겨졌다는 뜻이며, 하나님이 흑암의 권세에서 우리를 건져 내셔서 사랑의 아들의 나라인 선한 나라로 옮기셨다는 말씀입니다. 다시 말하면 4차원적인 존재는 하나님과 인간 그리고 사단인데, 현재 우리는 똑같은 4차원 중에서 가장 낮은 4차원에, 마귀는 중간 4차원에 있으며, 하나님은 가장 높은 4차원에 계십니다. 4차원은 3차원을 지배하므로 인간이 3차원의 세계를 지배하고 있습니다. 또한 우리 인간은 영적인 존재이기에 발명과 발견을 통해 3차원을 변화시킬 수 있습니다.

사단도 4차원에 속한 존재입니다. 그래서 그보다 낮은 차원인 인간과 3차원을 지배하려 듭니다. 그리고 점령한 인간을 통해 하나님이 만드신 창조 세계 안에서 온갖 악한 일을 자행합니다. 역사를 살펴보면 인류를 파멸로 몰고 간 독재자나 악행을 일삼은 사람들이 여럿 있습니다. 그들은 사단에게 점령되어 생각과 영이 사단의 명령대로 움직여 그런 짓을 저지른 것입니다.

"우리의 씨름은 혈과 육을 상대하는 것이 아니요 통치자들과 권세들과 이 어둠의 세상 주관자들과 하늘에 있는 악의 영들을 상대함이라(에베소서 6:12)."

이와 같이 우리가 속한 3차원의 세계는 4차원의 세계에 속한 마귀가 통치하고 있습니다. 그렇기 때문에 이 땅에서는 마귀와의 영적 싸움이 불가피한 것입니다. 마귀와의 영적 싸움에서 이기면 3차원의 세계에 마귀의 영향력이 미칠 수 없습니다. 그러나 마귀에게 굴복하게 되면 그때부터 사단이 우리의 3차원을 지배하고 영향력을 휘두르기 시작합니다. 이것이 영적 싸움의 승리가 중요한 이유입니다.

독일의 히틀러를 점령한 사단은 유대인 600만 명을 살해하고 유럽을 완전히 파괴시키게 했습니다. 결국 히틀러는 패전의 궁지에 몰리자 권총으로 자살을 하고 말았습니다. 과거 제국주의 일본도 천황 속에 사단이 들어가 아시아 대륙을 삼키려는 계략을 세우게 하고, 전쟁을 일으켜 많은 사람이 피를 흘리게 했습니다. 그뿐만이 아닙니다. 마귀는 예수님의 제자였던 가룟 유다 속에 들어가 은 30냥에 하나님의 아들을 팔게 만들었습니다. 이렇게 하나님께 속하지 못하면 악마적 4차원에 속하게 되어 그 영향을 받습니다. 그들은 영적으로 마귀에게 패배하여 마귀의 의도대로 그들이 속한 3차원의 세계가 지배를 당한 것입니다.

그러나 예수님을 구세주로 영접한 우리는 사단과의 영적 싸움에서 이길 수밖에 없습니다. 예수님의 십자가 사건으로 인해 우리는 죄에서 건짐을 받았고, 이제 예수 그리스도가 우리 안에 와 계십니다. 하나님이 속한 4차원의 영적 세계의 권세를 우리도 똑같이 누릴 수 있게 된 것입니다. 하나님은 결코 사단에 의해 조종당하거나 패배하시는 분이 아닙니다.

구원 받은 사람은 하나님의 4차원을 통해 영원한 생명을 얻습니다. 그리고 그 영과 마음과 생각은 하나님의 4차원으로 가득 차게 됩니다. 이 사실을 믿고 매일 계속되는 영적 싸움에서 승리를 선포하며 나아간다면 우리가 속한 3차원의 세계는 하나님의 주권에 의해 온전히 다스려질 것입니다.

천국 열쇠를 사용하라

가난하고 병든 삶을 살던 고아 청년에게 어느 날 친아버지가 나타났습니다. 아버지는 오랫동안 잃어버린 아들을 찾아 헤맸습니다. 그는 성공한 사업가였으나 하나뿐인 자식을 잃어버렸기에 편히 잘 수도, 마음껏 먹을 수도 없었습니다. 항상 아들을 찾게 되면 원하는 것은 무엇이든지 다 해주겠다는 다짐을 해왔습니다.

그러다 드디어 아들을 만난 것입니다. 그렇게 만난 아들은 지하 단칸방에서 어렵게 생활하고 있었습니다. 가장 먼저 그는 좋은 집을 선물로 주었습니다. 하루라도 그곳에 머물게 하고 싶지 않았기 때문입니다. 그런데 아들은 아버지가 준 좋은 아파트의 열쇠를 놔두고 본래 살던 단칸방에서 계속 지내는 것이었습니다. 아버지는 그런 아들이 답답하기만 했습니다. 자신이 좋은 것을 다 해줄 수 있음에도 불구하고 가난과 병에 찌든 삶을 친구 삼아 살아온 아들은 자신에게 주어진 선물들을 풀어 볼 생각도 못하고 있었습니다.

그 고아 청년의 모습이 바로 우리의 모습입니다. 하나님은 우리에게 천국 열쇠를 주셨습니다. 하나님이 속하신 4차원의 세계로 우리를 옮겨 놓으셨습니다.

"내가 천국 열쇠를 네게 주리니 네가 땅에서 무엇이든지 매면 하늘에서도 매일 것이요 네가 땅에서 무엇이든지 풀면 하늘에서도 풀리리라(마태복음 16:19)."

그런데도 여전히 낮은 차원의 삶을 살고 있습니다. 3차원의 세계와 사단을 다스릴 권세를 주셨음에도 불구하고 여전히 그것에 묶여 있는 삶을 자청하고 있는 것입니다.

예수님을 믿음으로써 구원 받은 우리는 거룩한 4차원의 영적 세계로 옮겨졌습니다. 이제 그곳에 거하며 사단과 3차원의 세계를 다스릴 수 있어야 합니다. 우리의 육신은 3차원에 속해 있지만 영은 하나님의 거룩한 4차원에 속해 있다는 것을 기억하고 이것을 내 것으로 만들어야 합니다. 이것이 4차원의 영성을 훈련해야 하는 이유입니다.

그렇다면 우리는 어떻게 4차원의 영성을 훈련하고 익혀야 할까요? 그 방법에 대해 지금부터 함께 배워 보겠습니다. 4차원의 영성을 소유하게 되면 분명 이전에 경험하지 못한 새로운 삶을 누리게 될 것입니다. 그러한 기대와 희망을 품고 4차원의 영성의 삶을 익혀 나가기 바랍니다.

| 적용 |

4차원의 영성에 지배 받는 인생을 살라

1_ 하나님이 모든 세계를 다스리심을 알라

영원과 무한의 주인은 하나님이십니다. 하나님은 가장 높은 4차원의 영적 세계에서 온 우주 만물을 다스리고 계십니다. 이 땅을 다스리는 권세가 하나님께 있음을 알고 그분께 우리 삶을 전적으로 의지해야 합니다.

2_ 하나님이 만드셨음을 알라

이 세상은 성령님이 품으시고 창조하심으로써 존재하는 것입니다. 그러므로 우리는 3차원의 세계가 스스로 진화한 것이 아님을 알고, 모든 것이 하나님으로부터 시작됨을 깨달아야 합니다.

3_ 하나님의 4차원을 통해 생명을 얻으라

4차원의 가장 낮은 곳에 우리, 중간에 사단, 가장 높은 곳에 하나님이 존재하십니다. 사단의 지배를 받지 않도록 예수님을 영접하여 하나님의 4차원에 속할 수 있어야 합니다.

4_ 천국의 열쇠를 사용하라

하나님은 우리에게 3차원의 세계와 사단을 다스릴 권세를 주셨습니다. 4차원의 영적 세계에 속한 하나님 편에서 3차원의 환경과 사단을 다스릴 수 있는 권세를 사용해야 합니다. 이것이 천국 문을 여는 열쇠입니다.

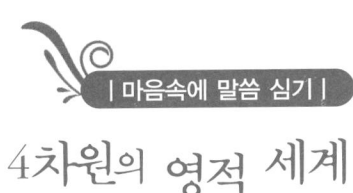
| 마음속에 말씀 심기 |

4차원의 영적 세계

1_ 진실로 너희에게 이르노니 무엇이든지 <u>너희가 땅에서 매면 하늘에서도 매일 것이요 무엇이든지 땅에서 풀면 하늘에서도 풀리리라</u>　　－마태복음 18:18

2_ 나라가 임하시오며 뜻이 <u>하늘에서 이루어진 것같이 땅에서도 이루어지이다</u>　　－마태복음 6:10

3_ 하늘과 모든 하늘의 <u>하늘과 땅과 그 위의 만물은 본래 네 하나님 여호와께 속한</u> 것이로되　　－신명기 10:14

4_ 예수께서 나아와 말씀하여 이르시되 <u>하늘과 땅의 모든 권세를 내게 주셨으니</u>　　－마태복음 28:18

chapter · 2

4차원 영성의 네 가지 요소

우리가 주목하는 것은 보이는 것이 아니요 보이지 않는 것이니
보이는 것은 잠깐이요 보이지 않는 것은 영원함이라
| 고린도후서 4장 18절 |

4차원의 영적 세계는 무엇에 의해 움직일까요? 4차원의 세계를 움직이기 위해서는 생각, 믿음, 꿈, 말이라는 네 가지 요소가 필요합니다. 이것을 정확히 알고 바로잡을 때 우리의 인생이 변화합니다. 무조건 기도만 많이 한다고 되는 것이 아닙니다. 기도도 필요하지만 우선은 보이지 않는 4차원의 세계에 변화를 가져와야 보이는 세계인 3차원의 세계가 변화하는 것입니다.

1차원은 2차원에 속하고, 2차원은 3차원에 속하고, 3차원은 4차원에 속합니다. 따라서 1차원을 변화시키려면 2차원을 변화시켜야 하고, 2차원을 변화시키려면 3차원을 변화시켜야 합니다. 이것은 궁극적으로 4차원이 변화해야 3차원의 인생이 변화한다는 것을 의

미합니다. 4차원의 변화는 그것을 이루는 네 가지 요소인 생각, 믿음, 꿈, 말을 어떻게 다루느냐에 달려 있습니다. 이 요소들을 변화시켜야 합니다. 우리 안에 있는 생각, 믿음, 꿈, 말을 4차원의 생각, 믿음, 꿈, 말로 프로그래밍(programming)해야 합니다. 프로그래밍은 컴퓨터가 작업을 할 수 있도록 명령을 만드는 일입니다. 4차원의 생각, 믿음, 꿈, 말을 우리 안에 프로그래밍하면 4차원의 영성이 작동되는 것입니다. 이 과정을 통해 우리의 인생도 변화할 수 있습니다. 좀 더 구체적으로 각 요소들에 대해 알아보겠습니다.

첫 번째 요소 – 생각

하나님은 인간이 4차원을 변화시킬 수 있도록 첫 번째로 생각(thinking)을 주셨습니다. 생각은 3차원적으로 계산할 수 없습니다. 오직 4차원에서만 나타나는 것입니다. 그것은 두께도 없고, 넓이도 없고, 보이지도 않기 때문입니다. 생각은 영원하고 무궁합니다.

인간의 상상력은 4차원에 소속되어 있습니다. 생각에 일어난 변화는 3차원에 반영됩니다. 성경 말씀처럼 보이는 것은 나타난 것으로 된 것이 아닙니다.

"믿음으로 모든 세계가 하나님의 말씀으로 지어진 줄을 우리가 아나니 보이는 것은 나타난 것으로 말미암아 된 것이 아니니라(히브리서 11:3)."

4차원의 세계에서 어떤 생각을 하느냐에 따라 3차원에 그 결과가 반영된다는 이야기입니다. 4차원의 요소인 생각이 부정적인 사람은 3차원에 부정적인 일이 생깁니다. 머릿속에 '나는 안된다, 나는 못한다, 나는 불행하고 슬프다.'라는 생각을 가지면 그것이 결국에는 3차원인 몸과 생활과 사업에 그대로 나타납니다. 인간의 몸과 모든 세계는 4차원을 움직이는 요소인 생각을 통해 나타나게 되어 있기 때문입니다.

그러므로 긍정적인 생각을 하는 사람은 언제나 자신의 3차원에 긍정적인 역사가 일어납니다. '나는 건강하다, 나는 잘할 수 있다, 나는 행복하다.'라는 생각이 3차원에 영향을 미칩니다. 반대로 누군가를 미워하기로 작정하여 그 계획과 방법을 생각 속에 지니고 있어도 곧바로 자기 삶의 3차원에 영향을 미칩니다. 다른 사람을 미워하면 자신이 먼저 상처를 받습니다. 그런 이유에서 예수님은 "원수를 사랑하라."라고 말씀하신 것입니다. 원수를 사랑하고 용서하며 그를 위해 기도하는 것은 어떤 의미에서는 자신을 위한 것입니다. 원수를 미워하면 자기 자신의 3차원에 먼저 파괴가 일어나기 때문입니다.

성경은 "그 마음의 생각이 어떠하면 그 위인도 그러한즉(잠언 23:7)"이라고 가르치고 있습니다. 저 사람이 쫄딱 망했으면 좋겠다고 생각하면 3차원에 그 메시지가 기록되어 자기가 먼저 망하기 시작합니다. 내 머릿속에 부정적인 생각을 가지면 남을 해치기 전에 나 자신에게 그 명령이 먼저 전달됩니다.

이렇게 사람은 무엇을 생각하느냐가 중요합니다. 틈날 때마다 남을 비방하고 욕하면 그 생각이 스스로에게 기록되어 자신의 3차원의 세계에서 그 모든 부정적인 것의 명령을 받습니다. 여럿이 모여 남의 흉을 보고 수군대면 몸이 개운치 않고 기분까지 상하는 것은 모든 부정적인 생각이 3차원의 세계에 명령으로 전달되어 그대로 실행되기 때문입니다.

4차원의 세계는 너와 나의 구별이 없습니다. 오직 메시지만이 있습니다. 4차원의 세계에서는 그 메시지가 생각 속에 기록되면 가장 먼저 나의 몸과 생활 속에 영향을 미칩니다. 그러므로 비밀이 없습니다. 하나님 앞에서나 4차원의 세계에서는 모든 것이 벌거벗은 것처럼 있는 그대로 다가옵니다.

우리가 혹시 잘못된 생각을 갖게 되면 '신약과 구약'이라는 두 가지 약을 통해 치료를 받아야 합니다. 하나님의 말씀은 4차원에 속한 것입니다. 하나님은 "내가 너희에게 이른 말은 영이요 생명이라."라고 하셨습니다. 하나님의 말씀은 사람의 생각을 고치는 능력이 있습니다. 말씀으로 치료되면 우리의 3차원이 변하기 시작합니다.

저는 53년간 목회를 하면서 '교회가 안된다.'라고 생각한 적이 단 한 번도 없었습니다. '교회는 된다, 성도는 모여 온다, 기적은 일어난다.'라고 생각했습니다. 그러면 내 4차원의 세계 속에서 이 긍정적인 메시지를 3차원으로 보내 줍니다. 그랬기 때문에 저의 목회는 늘 제 마음에 믿은 대로 이루어졌습니다. 성경의 "네 믿음대로 될지어다."라는 말씀처럼 저의 믿음대로 그 결과를 보았습니다. 제가 생각한 것이 저의 3차원의 세계에 그대로 이루어진 것입니다. 믿는 사람들은 성경의 4차원, 즉 성경 말씀을 따라 생각을 바꿔야 합니다. 그러면 하나님의 창조적인 기적이 일어나게 됩니다.

두 번째 요소 – 믿음

4차원을 바꾸는 두 번째 요소는 믿음(faith)입니다. 믿음은 4차원의 세계를 통해 3차원을 바꾸는 강력한 힘입니다. 성경에서도 "네 믿음 대로 될지어다(마태복음 8:13)." 그리고 "예수께서 이르시되 할 수 있거든이 무슨 말이냐 믿는 자에게는 능히 하지 못할 일이 없느니라(마가복음 9:23)."라고 말씀하고 있습니다.

예수님도 "누구든지 이 산더러 들리어 바다에 던져지라 하며 그 말하는 것이 이루어질 줄 믿고 마음에 의심하지 아니하면 그대로 되리라(마가복음 11:23).”라고 말씀하셨습니다. 왜냐하면 믿음은 4차원에 속하고 산은 3차원에 속해 있기 때문입니다. 3차원은 덩치가 아무리 커도 제 스스로는 아무것도 못합니다. 그것을 움직이는 4차원이 달라져야 그에 속한 3차원도 달라질 수 있습니다. 예수님 또한 4차원의 믿음으로 3차원의 기적들을 모두 이루셨습니다.

그렇다면 믿음은 어디에서 나올까요? 성경은 "믿음은 들음에서 나며 들음은 그리스도의 말씀으로 말미암았느니라."라고 말합니다. 예수를 믿지 않는 사람도 신념으로 일을 합니다. 신념도 일종의 믿음의 한 부분이라 할 수 있습니다. 그러나 신념은 3차원적인 믿음입니다.

짐승들은 영이 없기 때문에 믿음이 있을 수 없습니다. 영혼을 가진 사람만이 믿음을 가질 수 있습니다. 그리고 성령님으로 말미암은 믿음을 가지고 있어야 3차원의 세계를 움직일 수 있습니다. 믿음은 있어도 좋고 없어도 좋은 것이 아닙니다. 없어서는 안 되는 절대적인 것입니다. 그러므로 우리는 항상 믿음으로 살아야 합니다. 그리고 믿음을 고백해야 합니다.

저는 앉아 있을 때나 서 있을 때나, 집에 있을 때나 밖에 있을 때나 늘 제 자신을 프로그래밍합니다. "나를 구원해 주신 예수님을 믿습니다", "예수님의 보혈로 죄가 용서 받았음을 믿습니다", "성령님이 오셔서 나를 거룩하게 하심을 믿습니다", "병이 나음을 믿습니다", "복 받은 것을 믿습니다", "나는 부활하고 영생 천국을 얻은 것을 믿습니다", "나는 하나님의 소유된 백성임을 믿습니다" 하고 고백합니다. 당신도 이렇게 실행하십시오. 그리고 지켜보십시오. 믿음의 프로그래밍을 하는 당신의 삶은 반드시 변화할 것입니다.

세 번째 요소 – 꿈

4차원의 세계를 프로그래밍하는 또 하나의 요소는 꿈(dream)입니다. 하나님은 "꿈이 없는 백성은 망한다."라고 말씀하셨습니다. 꿈이 없으면, 즉 4차원이 꿈으로 프로그래밍되지 않으면 3차원도 희망이 없습니다. 믿지 않는 사람들 중에서도 꿈이 있는 사람이 세상을 변화시키지 않습니까. 그렇다면 꿈의 세계를 쥐고 계신 하나님 안에서 꾸는 꿈은 더 강력한 힘을 지니게 될 것입니다. 하나님의 꿈을 꾸는 우리는 세계를 넘어 모든 것을 움직이게 될 것입니다. 여기서 짚고 넘어가야 할 것이 있습니다. 하나님 안에서 꾸는 꿈은 개인적인 욕망이나 잘못된 욕심과는 완전히 다릅니다. 그러한 것들은 사단의 영향을 받은 꿈입니다. 우리는 하나님의 꿈이 그것과 구별된 것임을 깨달아야 합니다.

나폴레옹은 어린 시절부터 유럽을 통일하겠다는 꿈을 키웠습니다. 그 결과 그는 유럽 대륙을 뒤흔들어 혼란을 몰고 왔습니다. 히틀러는 유럽을 아리안 민족으로 점령하겠다는 꿈을 가졌습니다. 다른 표현으로는 야망일 것입니다. 끔찍한 피의 대가를 부른 어리석은 꿈이었지만 온 유럽을 초토화하기에는 충분했습니다. 레닌은 전 세계를 공산화하겠다는 꿈을 품었습니다. 3차원에 있는 동유럽을 석권하고 아프리카와 아시아, 그리고 수많은 민족에게 분쟁을 일으켰으나 역시 결과는 패망이었습니다.

약한 꿈은 강한 꿈에 패배합니다. 인간의 꿈보다는 마귀의 꿈이 강합니다. 그러나 마귀의 꿈보다는 하나님의 꿈이 훨씬 더 강합니다. 그러므로 우리는 성령님으로 말미암아 하나님의 꿈을 가져야 합니다. 꿈은 성령님이 주시는 것입니다. 성령님을 통해 자신의 마음을 거룩한 꿈으로 프로그래밍해야 합니다.

사람의 미래는 그가 어떤 꿈을 말하는지를 보면 알 수 있습니다. 제가 오중 복음과 삼중 축복의 원리를 계속 주장하는 데는 이유가 있습니다. 그것은 십자가를 통해 꿈을 키워 주기 위해서입니다. 영혼이 잘됨같이 범사에 잘되고 강건한 꿈을 심어 주는 것입니다.

현실이 아무리 어려워도 마음속에 꿈이 있다면 그 꿈은 3차원을 점령하고 변화시킵니다. 4차원의 꿈은 3차원의 세계를 부화시킵니다. 현재의 생활이 너무나 힘들고 공허해도 올바른 꿈을 품어 인큐베이터에서 보살피면 그것으로 인해 변화하게 됩니다. 죽음은 생명으로, 무질서는 질서로, 흑암은 광명으로, 가난은 부유로 변화하기 시작합니다. 변화는 4차원의 세계에서 오는 것입니다.

꿈이 있으면 어떻게든 그 꿈을 이루기 위해 열심히 기도하게 됩니다. 기도를 할 때도 역시 4차원을 움직이는 프로그램을 가동시키십시오. 그리고 꿈을 명확하게 하기 위해 금식하며 기도하십시오. 이 말은 4차원의 세계를 명확하게 해야 한다는 뜻입니다. 금식 자체로 하나님의 마음을 변화시킬 수 있다고 생각한다면 그것은 잘못입니다. 금식은 나 자신이 먼저 변화하여 4차원의 세계도 달라짐으로써 하나님이 역사하시는 것입니다. 다시 말하면 우리의 4차원의 그릇이 변화되어야 하나님이 역사하신다는 의미입니다. 금식하고 기도하며 최선의 노력을 다하십시오. 당신의 꿈은 이제 더 이상 생각이 아닌 현실이 될 것입니다.

네 번째 요소 – 말

4차원의 네 번째 요소는 말(word)입니다. 말을 통해 인간만이 지닌 고유한 4차원적 특성을 가장 잘 표현할 수 있습니다. 인간은 말을 하기 때문에 문명을 만들고 발전시킬 수 있는 것입니다. 아무리 힘이 세고 사나운 동물이라도 문명을 만들고, 계획하고, 발전시키지는 못합니다. 그 이유는 4차원의 요소인 말을 가지고 있지 않기 때문입니다.

성경은 "네 입의 말로 네가 얽혔으며(잠언 6:2)" "죽고 사는 것이 혀의 힘에 달렸나니 혀를 쓰기 좋아하는 자는 혀의 열매를 먹으리라(잠언 18:21)."라고 말씀하고 있습니다. 죽고 사는 것은 3차원이지만 혀는 4차원입니다. 말의 권세가 얼마나 큰지를 말씀하신 것입니다.

상대방이 하는 말을 들어 보면 그 사람의 인생을 어느 정도 짐작할 수 있습니다. 성공하는 사람은 그 소망하는 것이 이미 이루어졌다고 말합니다. 그러나 실패하는 사람은 말에서부터 벌써 실패를 말합니다.

성경은 구원을 받는 것도 "말로 시인하라."라고 가르칩니다.

"사람이 마음으로 믿어 의에 이르고 입으로 시인하여 구원에 이르느니라(로마서 10:10)."

그러므로 우리의 귀와 마음에 들리도록 계속 말해야 합니다. '주님의 십자가로 나는 구원 받았고, 나음을 입었고, 복을 받았다.'라고 말로써 선포해야 합니다. 4차원에서 망한다고 말해 놓고 3차원에서 성공을 기대하는 것은 헛수고입니다. 땅에서 묶이면 하늘에서도 묶일 것이요, 땅에서 풀리면 하늘에서도 풀린다는 것도 말로써 묶이고 풀리는 것입니다. 부정적인 말은 자신의 4차원을 부정적으로 프로그래밍하게 만듭니다. 다른 사람을 비방하고 욕하는 사람은 자신의 4차원을 그렇게 프로그래밍하는 것이기 때문에 다시 본인의 3차원인 욕으로 돌아올 수밖에 없습니다. 따라서 어떤 말을 해야 하는지는 무엇보다도 중요합니다.

그렇다면 말은 어떻게 바꿀 수 있을까요? 하나님은 성경 말씀을 통해 우리가 변화할 수 있도록 인도해 주셨습니다. 하나님의 말씀은 영이요 생명입니다. 그 말씀을 암송하고 말하는 것은 우리 자신의 4차원에 가장 효과적인 프로그램을 짜는 것입니다. 목사님들이 강단에서 하나님의 말씀을 증거한다는 것은 사람들의 4차원을 뒤흔드는 강력한 힘입니다. 그렇기 때문에 하나님의 말씀에 순종하며 사는 사람은 삶 전체가 송두리째 변하는 기적의 역사를 체험하게 됩니다. 당신도 역사의 주인공이 될 수 있습니다. 결코 늦지 않았습니다.

당신의 4차원의 영적 세계는 어떠한가

오늘날 개인이나 가정 또는 사회를 보면 모든 곳에 마귀가 들어와 공허함과 흑암을 깊게 드리우고 있습니다. 어떻게 해야 할까요? 4차원의 생각과 믿음, 꿈, 그리고 말로써 이 모든 환경을 부화시켜야 합니다. 그렇게 하면 모든 것이 변화합니다. 자기 자신이 무엇을 생각하고 믿고 꿈꾸고 말하고 있는지 점검해야 합니다. 그리고 그것은 3차원의 세계를 움직이고 변화시키는 4차원의 세계라는 것을 알아야 합니다.

우리의 인생과 사업, 그리고 목회가 성공하기 위해서는 그 계획 속에서 3차원을 움직이는 4차원의 요소 중 어느 부분을 어떻게 변화시킬 것인지 진단해야 합니다. 각자의 상황에 따라 생각, 믿음, 꿈, 말 중 어떤 것을 변화시켜야 할지를 깨닫고, 그 부족한 부분에 대한 4차원의 요소를 하나님의 말씀과 성령의 능력, 그리고 기도의 힘으로 바꾸어 영양분을 공급하면 4차원의 세계가 변화하고 그 결과로 3차원의 세계인 우리의 삶이 변화하는 것입니다.

하나님이 저에게 '4차원의 영적 세계'에 대해 계시하셨고 저는 그것을 책으로 엮었습니다. 먼저 영어로 썼습니다. 그 내용을 책으로 접한 미국, 남미, 유럽, 아프리카 등지의 사람들이 엄청난 변화를 겪었습니다.

이번에 새롭게 집필하는 『4차원의 영성』은 4차원의 세계를 더 쉽게 이해하고 삶에 직접 적용할 수 있도록 구성했습니다. 저는 기하학이나 수학에 관한 자세한 개념은 모르지만, 하나님을 통해 1차원은 가상적인 선이며 운명적으로 2차원에 지배당하고, 2차원은 존재하자마자 3차원이 지배하며, 3차원은 다시 4차원에 지배당한다는 것을 배우고 깨달았습니다. 따라서 인간이라는 존재는 싫든 좋든 태어나면서부터 4차원을 다스리시는 하나님께 지배당하는 것입니다. 그러므로 우리는 무엇을 하든지 하나님과 함께 해야 합니다. 예수님을 믿는 사람들이 이 사실을 알지 못하여 하나님과 떨어져 있다고 생각하는 것은 어리석은 판단입니다.

우리의 기도는 어느 것 하나도 땅에 떨어지지 않고 하나님이 다 들으시며 응답하신다는 것을 믿어야 합니다. 구원 받은 사람들은 성령님을 통해 직접적으로 지배당하며, 성령 하나님 안에는 예수 그리스도의 복음과 축복이 가득 차 있습니다. 이것을 알고 믿고 꿈꾸고 말하는 사람은 영혼이 잘됨같이 범사가 잘될 수밖에 없습니다.

그런데 믿음 안에 있으면서도 그러지 못하는 이유는 4차원을 프로그래밍하지 못했기 때문입니다. 그러므로 성경 말씀대로 생각하고 믿고 꿈꾸고 말하며 행하는 4차원의 프로그램을 생활화해야 합니다. 그리하면 우리 모두에게 놀라운 일이 일어납니다.

기도도 이렇게 4차원을 프로그래밍해 놓아야 그 능력이 나타나게 됩니다. 기도라는 것은 새롭게 프로그래밍된 4차원의 요소를 하나님 나라에 올리는 작업입니다. 즉 4차원의 세계를 프로그래밍하고 하나님께 기도하면 우리의 믿음대로 이루어 주십니다. 성경은 하나님의 그것대로가 아니라 "네 생각대로, 네 믿음대로, 네 꿈대로, 네 입의 말대로"라고 하시며 우리에게 책임을 지우십니다. 이는 우리의 4차원을 우리가 프로그래밍해야 하나님이 역사하신다는 말씀입니다. 그래서 주기도문에서 "뜻이 하늘에서 이루어진 것같이 땅에서도 이루어지이다."라고 하는 것입니다. 또 "시험에 들게 하지 마시옵고 다만 악에서 구하시옵소서."라고 기도하는 것도 그런 이유에서입니다.

하나님은 아담에게 이 땅을 움직일 만한 4차원의 세계를 프로그래밍하도록 "땅을 정복하고 다스리라."라고 말씀하셨습니다. 또한 시편 81편 10절에서 "네 입을 크게 열라."라고 말씀하셨습니다. 여기서 입은 4차원을 말합니다. 우리가 4차원을 프로그래밍하면 하나님이 도와주신다고 약속하신 것입니다.

지금까지 강조한 4차원의 영성을 깨닫고 실행하면 우리의 삶은 반드시 바뀌게 됩니다. 이제 서로 모여서 이야기할 때 다른 사람을 깎아내리고 험담하기보다는 각자의 4차원을 무엇으로 프로그래밍할지 이야기하십시오.

우리는 하나님 앞에서는 아무것도 감추지 못합니다. 4차원의 하나님 앞에 벌거벗긴 채로 점령당한 존재입니다. 우리가 4차원의 세계를 제대로 잘 프로그래밍하면 축복이 쏟아지게끔 되어 있습니다. 지금도 늦지 않았습니다. 바로 이 순간부터 새롭게 프로그래밍하십시오. 새사람으로 거듭날 것입니다. 성공할 수밖에 없습니다. 성령님의 프로그램을 말씀을 통해 받아들이면 창조적인 역사가 일어납니다. 이는 깊고 심오한 절대 진리입니다. 바로 하나님이 가르쳐 주셨기 때문입니다. 생활과 환경 속에서 이 진리를 직접 체험하기 바랍니다. 이제 4차원의 생각, 믿음, 꿈, 말을 기도와 말씀과 성령으로 훈련시키십시오. 당신의 삶은 이미 변화하고 있습니다.

4차원의 생각, 믿음, 꿈, 말로 프로그래밍하라

1_ 하나님의 말씀으로 생각하라

하나님의 말씀을 통해 생각을 바꾸십시오. 하나님의 생각은 인간의 생각과는 차원이 다릅니다. 하나님의 생각을 품을 때 우리의 삶에 기적이 일어납니다.

2_ 믿음으로 기적을 누려라

믿음은 우리의 삶을 변화시키는 강력한 요소입니다. 어떠한 상황에서도 믿음을 잃지 않는 고백과 행동으로써 아브라함이 받은 기적과 축복을 누릴 수 있습니다.

3_ 성령님이 주시는 꿈을 받으라

성령님이 주시는 꿈 역시 인간이 품은 꿈과는 차원이 다릅니다. 당신을 향한 하나님의 계획을 깨닫기 위해 금식하고 기도하며 하나님의 꿈을 받으십시오.

4_ 말씀의 선포로 삶을 변화시켜라

영이요 생명이신 하나님의 말씀을 암송하고 선포함으로써 우리의 삶에 하나님의 일들이 실현될 수 있습니다. 말씀 선포만으로도 삶이 충분히 변화할 수 있음을 믿으십시오.

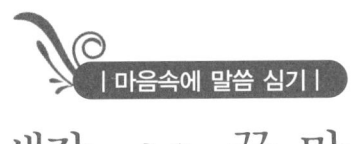
| 마음속에 말씀 심기 |

생각, 믿음, 꿈, 말

1_ **위의 것을 생각하고** 땅의 것을 생각하지 말라 　－골로새서 3:2

2_ 복음에는 하나님의 의가 나타나서 믿음으로 믿음에 이르게 하나니 기록된 바 **오직 의인은 믿음으로 말미암아 살리라** 함과 같으니라
　　　　　　　　　　　　　　　　　　　　　　　　　　－로마서 1:17

3_ 너는 내게 부르짖으라 내가 네게 응답하겠고 **네가 알지 못하는 크고 은밀한 일을 네게 보이리라** －예레미야 33:3

4_ 그들에게 이르기를 여호와의 말씀에 내 삶을 두고 맹세하노라 **너희 말이 내 귀에 들린 대로 내가 너희에게 행하리니**
　　　　　　　　　　　　　　　　　　　　　　　　　　－민수기 14:28

하나님의 세계는 모든 것을 믿음으로 보아야 합니다.
믿음은 보지 못하는 것의 실상이기 때문에 믿음의 눈으로 없는 것을 있는 것처럼 보아야 합니다.
이렇게 하나님의 은총을 바라볼 때 우리의 삶 속에 그것들이 현실로 나타나게 됩니다.

Part 3

4차원 영성의 삶

4th Dimensional Spirituality

4th Dimensional Spirituality

믿음은 바라는 것들의 실상이요

보이지 않는 것들의 증거니

선진들이 이로써 증거를 얻었느니라

믿음으로 모든 세계가 하나님의 말씀으로 지어진 줄을

우리가 아나니 보이는 것은 나타난 것으로

말미암아 된 것이 아니니라

| 히브리서 11장 1~3절 |

chapter · 1

4차원의 생각, 이렇게 바꾸라

육신의 생각은 사망이요 영의 생각은 생명과 평안이니라
| 로마서 8장 6절 |

생각은 육신적인 생각과 영적인 생각으로 나눌 수 있습니다. 성경은 사람이 육신적인 생각보다는 영적인 생각을 하고 사는 것이 얼마나 중요한지를 가르쳐 주고 있습니다.

"육신을 따르는 자는 육신의 일을, 영을 따르는 자는 영의 일을 생각하나니 육신의 생각은 사망이요 영의 생각은 생명과 평안이니라 육신의 생각은 하나님과 원수가 되나니 이는 하나님의 법에 굴복하지 아니할 뿐 아니라 할 수도 없음이라(로마서 8:5~7)."

삶과 죽음을 결정짓는 것도 바로 생각에 달려 있다는 엄청난 사실이 아닐 수 없습니다.

생각은 행동에 영향을 미친다

우리가 하는 일들은 그것을 가능하다고 생각하는 정도에 따라 성공할 가능성도 높아집니다. 안될 것이라고 생각하면 아무래도 행동이 부족하고 소홀해질 확률이 높으며, 반대로 된다는 생각을 가지면 당연히 행동에 가속도가 붙고 적극적으로 실행하게 되기 때문입니다.

사람의 행동은 간혹 순차적인 진전보다 어떤 한계를 돌파했을 때 비약적인 발전을 보이기도 합니다. 운동선수들은 인간이 1마일(1.6킬로미터)을 4분 안에 달리는 것이 불가능하다고 믿어 왔습니다. 그래서 한때는 '마의 4분'이라는 말이 유행하기도 했습니다. 실제로도 전 세계에서 열리는 육상 경기마다 최고의 선수들이 1마일을 달리는 데 4분 이상이 걸렸습니다. 그러나 그 장벽도 영국의 육상 선수인 로저 베니스터에 의해 마침내 깨지게 되었습니다.

베니스터는 4분대 기록을 깨기 위해 달리기 방식과 전략을 바꿔보기로 했습니다. 그는 보다 빨리 달리는 것이 가능하다고 믿었고, 그 목표를 이루기 위해 여러 달 동안 달리는 유형을 바꾸는 데 온 노력을 쏟았습니다. 1954년, 드디어 베니스터는 최초로 4분 안에 1마일을 달린 사람이 되었습니다. 놀랍게도 베니스터가 이 기록을 깬 후 세계 곳곳에서 육상 선수들이 4분 내에 1마일을 돌파하게 되었습니다. 그렇게 해서 베니스터 이후 중거리 달리기의 기록은 단축을 거듭하게 되었습니다.

베니스터의 경우와는 달리 다른 선수들은 원래 달리던 방식을 바꾸지도 않았습니다. 바꾼 것이 있다면 '나도 할 수 있다.'라는 생각이었습니다. 더 빨리 달리는 것이 가능함을 알게 되자 이러한 생각에 뒤따라 행동에도 변화가 일어난 것입니다. 이처럼 어떤 일이 가능하다고 믿을수록 그에 따르는 행동을 할 가능성이 높아지게 됩니다.

생각은 신체 반응에 영향을 미친다

생각은 신체의 반응에도 영향을 미칩니다. 재미있는 영화를 보거나 흥미로운 책과 신문 기사, 잡지 등을 읽고 그 영상이나 글에서 묘사하는 장면을 마음속으로 상상할 때 신체도 그대로 반응합니다. 유쾌한 장면을 떠올리면 몸이 가볍고 활발해집니다. 무서운 상황을 상상할 때면 심장 박동이 빨라지고, 로맨틱한 내용을 생각하면 짜릿하기도 합니다.

그래서 운동선수들은 실전을 위해 먼저 생각을 훈련합니다. 생각과 신체 반응 사이에는 강력한 연결 고리가 있기 때문입니다. 감독과 코치는 선수들이 달아오르고 아드레날린이 넘쳐흐르길 기대하면서 고무적인 연설을 합니다. 사격이나 양궁 선수들은 생각을 활용하여 안정감을 찾고 자신감을 얻습니다. 수영이나 육상 선수들은 경기에 참가하고 있는 자신의 모습을 상상하도록 훈련 받습니다. 연구 결과에 따르면 운동선수들이 이런 상황을 생생하게 상상할 경우 실제로 운동할 때 사용하는 근육이 조금씩 수축된다고 합니다.

생각의 태도는 건강에도 영향을 미칩니다. 예를 들어 암 선고를 받은 후 환자가 하는 생각의 태도가 남은 생존 기간을 결정짓는다고 합니다. 암이라는 진단을 사형 선고로 받아들여 한없이 낙심하고 죽음과 장례식을 생각하는 사람은, 반대로 그 사실을 담담히 받아들여 마지막까지 희망을 가지고 긍정적인 생각을 하는 사람보다 오래 살지 못한다는 것입니다.

이처럼 생각은 긍정적이거나 부정적인 결과를 낳을 수 있는 실체입니다. 생각은 눈에는 보이지 않지만 3차원의 인생을 결정하는 4차원의 중요한 요소입니다. 이제 자신의 생각을 다음과 같이 바꾸어 실행해 보십시오. 인생 자체가 바뀌는 엄청난 결과를 낳을 것입니다.

1. 하나님의 방식대로 생각하라

생각은 감정과 행동, 그리고 신체 반응에까지 영향을 미칩니다.

그렇다고 무조건 긍정적으로만 생각하는 것이 삶의 모든 문제를 해결해 주지는 않습니다. 무조건적인 낙관주의는 인본주의적 생각입니다. 그것은 인간적인 4차원의 생각입니다.

말씀 묵상을 통해 하나님의 생각을 닮으십시오. 하나님과 대화하면서 자신의 생각을 점검하고 성찰하고 회개하여 바꾸십시오. 능력이 있는 생각이란 성령과 말씀, 그리고 기도가 함께 하는 하나님 안에서의 4차원적인 생각입니다. 성령님과 함께 하는 말씀과 기도는 3차원의 상황을 긍정적, 부정적, 중성적 측면에서 바라보며 새로운 결론이나 해결책을 얻을 수 있도록 하는 강력한 능력입니다. 그렇기 때문에 우리는 자신의 생각이 아닌 하나님의 주권 안에 있는 생각을 가져야 합니다.

성경 말씀을 생각에 적용시켜라

말씀은 위대한 능력을 가지고 있습니다. 말씀으로 온 세상의 만물이 창조되었으며, 말씀을 통해 모든 기적과 이사가 행해졌습니다. 예수님도 광야에서 시험 받으실 때 마귀의 유혹을 즉시 말씀으로 물리치셨습니다. 이 권능의 말씀을 우리의 생각에 고정시켜 삶에 적용할 때 놀라운 변화가 일어나는 것입니다.

우선 말씀을 늘 가까이하되 읽는 것에 그쳐서는 안 됩니다. 필요한 때에 언제든지 무기로 삼아 선포할 수 있는 말씀을 기억하고 있어야 합니다. 악한 영의 세력들을 대적함에 있어 성경 말씀을 사용하는 것보다 더 좋은 방법은 없습니다. 그러므로 말씀 암송을 계획하고 그것을 실행해야 합니다. 반복해서 외우고 또 외우십시오. 이미 암기하고 있는 성구도 잊어버리지 않도록 지속적으로 외우십시오. 그렇게 하면 성령의 검을 손에 쥐게 될 것입니다.

그다음으로 말씀을 묵상해야 합니다. 복 있는 사람은 오직 여호와의 율법을 즐거워하여 주야로 묵상한다고 했습니다(시편 1:1, 2). 묵상은 하나님의 말씀을 이해하고 생활에 적용할 수 있도록 되새기는 역할을 합니다. 언제 어디서나 늘 묵상하기에 힘쓰십시오. 말씀을 들으면서도 묵상하고, 읽으면서도 묵상하고, 공부하면서도 묵상하고, 암송하면서도 묵상하십시오. 나날이 더욱더 커져 가는 생각과 믿음을 보게 될 것입니다.

저는 우리 교회의 교회 학교 교사인 정문식 집사의 책을 읽고 굉장한 감동을 받았습니다. 이레전자산업의 사장인 그가 처음 사업을 하게 된 동기는 다름 아닌 주일 성수를 잘하고 주일 학교 교사로서 제대로 봉사하기 위해서였습니다. 그는 주일에도 근무해야 하는 회사를 그만두고 18년 전에 개인 사업을 시작했습니다. 열 살 때 부친을 잃은 그는 야간 학교를 고학으로 졸업한 후 3년간 다닌 직장의 퇴직금 50만 원을 가지고 5평짜리 지하 차고에서 사업을 시작했습니다. 그러나 견딜 수 없을 정도로 힘이 들어 차라리 죽는 것이 낫겠다고 생각한 적도 있다고 합니다.

절망 가운데 있던 어느 날 그는 "거짓되고 헛된 것에 미혹되지 말라. 환경을 바라보지 말고 절대적인 긍정의 믿음으로 하나님을 의지하고 나아가라."라는 말씀을 듣고서 그 말씀에 새로이 힘을 얻어 시련을 이겨 냈습니다. 그가 좌절과 절망과 고통을 극복할 수 있었던 비결은 바로 영적인 양식을 올바르게 먹은 것이었습니다. 하나님의 말씀을 듣고 묵상하며 힘을 얻었습니다. 주일을 성수하고 더 열심히 교회 학교에 봉사하며 매년 십일조 생활과 선교 헌금을 힘껏 실천했습니다. 또 교회 학교에 장학금도 심었습니다.

이렇게 주님 안에 거하며 성실한 생활을 이어 간 그는 훗날 연간 1천억 원의 매출을 올리는 국내 최고의 중소기업 사장으로 우뚝 서게 되었습니다.

무엇이 그를 그렇게 바꾸었을까요? 바로 자신의 생각이 아닌 하나님의 말씀대로 생각하고 생활한 것이 변화의 근원이었습니다. 이로써 중요한 사실을 알 수 있습니다. 축복은 우리의 인생이 하나님의 말씀대로 준행하며 생각하는 삶이 될 때 비로소 이루어진다는 것을 말입니다. 당신의 생각을 하나님의 말씀으로 채우십시오.

말씀을 닮아 가는 생각

　사람의 생각은 럭비공과 같아서 어디로 튈지 모르는 예측 불허의 요소입니다. 생각은 지식과 감정과 의지가 섞여서 작용하기에 더욱 그렇습니다. 이처럼 예측할 수 없는 생각을 길들이고 바른길을 가도록 인도하는 것이 하나님의 말씀인 성경입니다. 생각이 성경 말씀에 사로잡히고 말씀을 따라 순종하기 시작할 때 열매를 맺고 3차원의 환경이 변화되는 능력으로 나타나게 됩니다.
　우리는 하나님의 말씀인 성경을 통해 생각을 바꿀 수 있습니다. 성경은 살아 계신 하나님의 능력 있는 말씀이기 때문입니다.

> "하나님의 말씀은 살아 있고 활력이 있어 좌우에 날선 어떤 검보다도 예리하여 혼과 영과 및 관절과 골수를 찔러 쪼개기까지 하며 또 마음의 생각과 뜻을 판단하나니(히브리서 4:12)."

　우리는 우리에게 능력을 주시는 주 하나님을 통해 모든 환경을 이겨 낼 수 있으며, 빌립보서 4장 13절에 기록된 "내게 능력 주시는 자 안에서 내가 모든 것을 할 수 있느니라."라는 말씀을 통해 모든 것을 할 수 있다는 믿음을 얻을 수 있습니다. 포기하려는 우리의 생각이 이 말씀으로 인해 바뀌는 것입니다.

하나님은 우리를 사랑하사 독생자 예수를 피의 값으로 치르고 우리에게 모든 것을 주셨습니다. 그렇기에 우리는 세상, 즉 3차원을 이기신 주 예수 그리스도 안에서 모든 것을 할 수 있다는 것을 늘 기억해야 합니다. 사망의 음침한 골짜기를 지날지라도 주께서 우리와 함께 계시고 주님의 날개 아래 있다는 것을 믿을 때 비로소 평안을 얻게 됩니다. 눈에는 아무 증거 안 보이고 귀에는 아무 소리 안 들리고 손에는 잡히는 것 없이 앞길이 칠흑같이 어두워도 주께서 나와 동행하신다는 확신만 있다면 우리의 생각은 긍정적으로 성장해서 모든 좌절과 절망을 이길 힘이 생겨나게 됩니다.

생각을 바꾸면 열매가 나타납니다. 온전한 열매는 성경의 4차원, 즉 말씀을 좇아 생각을 바꿀 때 맺히게 됩니다. 그리고 하나님의 창조적인 기적이 일어나는 것입니다. 마음과 생각을 말씀을 통해 온전히 붙들어 매십시오. 여러분의 생활과 환경 속에 하나님의 나라가 가득 차서 언제나 승리의 삶을 살게 될 것입니다.

성령님을 닮아 가는 생각

예수님을 구주로 영접하면 성령이 우리 안에 임재하시고, 성령의 세례를 받게 되며, 성령으로 충만해지면서 하나님의 기쁨이 마음속에 가득 차게 됩니다. 오순절 마가의 다락방에 모인 제자들에게 성령이 임하자 그들은 그동안 한 번도 느껴 보지 못한 벅찬 환희를 체험했습니다. 그 일로 말미암아 제자들은 예수님께 충성하는 믿음과 사랑의 에너지를 충전하게 되었습니다.

우리의 마음이 기쁨으로 가득 차야 일할 의욕이 생기고, 어떠한 난관이 다가와도 극복하며 나아갈 수 있습니다. 기쁨을 잃고 사기가 떨어지면 아무것도 할 수 없습니다. 그러나 성령으로 충만함을 받고 마음이 행복으로 채워지면 놀라운 용기와 능력이 생겨납니다. 성령이 오셔서 기쁨과 함께 담대함이 생기면 모든 역경 가운데서도 올곧게 복음을 전할 수 있습니다.

예수님을 모른다고 세 번이나 부인했던 베드로가 성령으로 충만함을 받게 되자 하루에 3천 명을 전도했으며, 이튿날에는 성전 미문가의 앉은뱅이를 일으키고 5천 명을 회개시켜 많은 영혼을 예수님께로 인도하는 위대한 지도자가 되었습니다. 이는 마음속에 성령의 담대함이 들어오면 살든 죽든, 흥하든 망하든, 성하든 쇠하든 예수 그리스도를 전하는 데 두려워하지 않게 되기 때문입니다. 그것은 우리의 힘이 아니라 성령의 역사로 이루어진 것입니다.

예수님의 제자들은 어부나 세리와 같은 세상 사람들이 생각하기에 어리석고 보잘것없는 존재였습니다. 그러나 그들이 성령으로 충만하자 그들 가운데 기쁨의 에너지가 솟구쳐 오르기 시작했습니다. 패배 의식으로 꽉 차 있던 생각은 용기와 담력과 충성심으로 바뀌어 예수님을 증거하며 예루살렘에서 유대로, 사마리아로, 로마로, 땅끝까지 복음을 증거하도록 이끌었습니다.

성령의 충만을 받으면 우리의 생각이 성령님을 닮아 갑니다. 그래서 긍정적이고 창조적으로 바뀌고 무엇이든 할 수 있다는 믿음이 가득 차면서 담대해지는 것입니다.

2. 긍정적인 생각으로 무장하라

앞에서도 말했지만 저는 53년 동안 목회를 하면서 '목회가 안된다.'라고 생각해 본 적이 없습니다. '교회는 성장하고 성도는 모여오고 기적은 일어난다.'라고 생각했습니다. 부정적이고 절망적인 생각이 조금이라도 비집고 들어오면 즉각 대항했습니다. 합력해서 선을 이루시는 하나님을 고백하고 긍정적인 생각으로 바꿨습니다. 이렇게 저의 4차원의 세계 속에 입력된 올바른 메시지는 3차원으로 전달되어 생각이 바뀌고 자신감이 생겨 힘 있는 목회를 할 수 있었습니다. 그렇기 때문에 저의 목회는 늘 마음에 하나님이 그려 주신 생각대로 이루어졌습니다. 제가 믿음으로 생각한 것이 저의 3차원에 계속해서 이루어진 것입니다.

새마음 운동과 새마을 운동

1960년대 당시 박정희 군사 정권 시절, 경제 개발 운동이 일어났습니다. 수많은 사람들이 너도나도 서울로 몰려들었습니다. 아무 기반도 없이 무작정 상경한 그들은 아현동과 냉천동에 판잣집을 짓고 생활하기 시작했습니다. 우리 교회는 그 지역을 천국 1번지라고 불렀습니다. 우리가 가장 어려울 때 도우시는 분이 바로 하나님이라는 사실을 알고 있었기 때문입니다. 최자실 목사님과 저는 그러한 환경 속에 있는 사람들에게 복음을 전하기 시작했습니다. 그때 저는 서대문에서 강력한 성령 운동을 전개했습니다.

"하나님이 우리에게 성령으로 세례를 주시고, 성령을 통해 방언을 말하게 하시며, 성령의 아홉 가지 은사를 허락해 주십니다. 성령을 받으십시오."

저는 이처럼 성령의 충만과 아홉 가지 은사를 받을 것을 강력히 증거했습니다. 그리고 특별히 우리 성도들에게 마음을 새롭게 하라는 뜻의 '새마음 운동'을 집중적으로 전개했습니다.

그러던 어느 날 박정희 대통령이 저를 청와대로 불렀습니다. 그리고 저에게 이렇게 물었습니다.

"조 목사님! 우리 민족을 새롭게 하고 농어촌을 변화시킬 만한 새로운 아이디어, 없습니까?"

저는 자신 있게 대답했습니다.

"각하, 우리의 생각을 바꿔야만 변화가 일어날 수 있습니다. 할 수 있다는 긍정적인 생각을 갖도록 '새마음 운동'을 시작하십시오. 곳곳에 교회가 있으니 그 교회를 중심으로 새마음 운동을 시작하면 놀라운 역사가 일어날 것입니다."

그러자 박 대통령이 김현옥 내무부 장관을 불렀습니다.

"조 목사가 '새마음 운동'을 펼치라는데 자네 생각은 어떤가?"

김 장관이 대답했습니다.

"좋은 아이디어라고 생각합니다. 그런데 다소 종교적인 느낌이 듭니다. 각하, '새마음 운동'을 '새마을 운동'으로 바꾸는 것이 좋을 것 같습니다."

대통령은 어떠냐며 제 생각을 물었습니다. 그래서 저는 아무리 새마을 운동을 해도 마음이 달라지지 않으면 절대 새로운 운동이 크게 일어나지 않을 것이라고 말했습니다. 그리고 마음이 달라지려면 교회를 중심으로 '새마음 운동'을 먼저 전개해야 한다고 주장했습니다. 이런저런 논의 끝에 결국 '새마을 운동'으로 이름 하여 전국적으로 퍼져 나가게 되었습니다. 그러나 그 핵심은 마음을 먼저 바꾸자는 것이었기에 각처의 교회를 중심으로 '새마음'으로 시작한 '새마을 운동'이 활발히 이루어졌습니다.

저는 '새마음 운동'으로써 희망을 선포했습니다. 고린도후서 5장 17절을 보면 "그런즉 누구든지 그리스도 안에 있으면 새로운 피조물이라 이전 것은 지나갔으니 보라 새 것이 되었도다."라고 기록되어 있습니다. 그래서 우리 성도들의 마음속에서 부정적인 생각을 없애기 위해 좋으신 하나님을 강력하게 전파했습니다. 그리고 "할 수 있다, 하면 된다, 해보자는 긍정적인 믿음을 가지십시오. 나는 못한다, 안된다, 할 수 없다는 생각을 하지 말고, 주님의 놀라운 기적을 믿으십시오."라고 힘주어 선포했습니다. 그때는 생활이 너무 어려웠기 때문에 인간적인 이성으로는 살아갈 길이 없었습니다. 그래서 저는 이렇게 설교했습니다.

"기적을 믿으십시오. 홍해를 가르고 여리고를 무너뜨리신 하나님이 오늘날 지금 이 시간에도 살아 계십니다. 그러므로 가난은 물러가고 축복이 다가올 것입니다. 믿음으로 기적을 기대하십시오."

그렇게 살아 계신 하나님의 말씀을 입으로 시인하고 말씀 속에서 믿음과 꿈을 갖도록 자극했습니다. 빌립보서 4장 13절인 "내게 능력 주시는 자 안에서 내가 모든 것을 할 수 있느니라."와 로마서 8장 28절인 "우리가 알거니와 하나님을 사랑하는 자 곧 그의 뜻대로 부르심을 입은 자들에게는 모든 것이 합력하여 선을 이루느니라." 그리고 마가복음 9장 23절 말씀인 "예수께서 이르시되 할 수 있거든 이 무슨 말이냐 믿는 자에게는 능히 하지 못할 일이 없느니라 하시니" 등 믿음과 기적의 말씀들을 거듭거듭 입으로 말하게 했습니다.

처음에는 대부분의 성도들이 머뭇거리며 어색해 했지만 말씀의 양식을 먹을수록 영적으로 강건해지고 배에서 솟아나는 믿음을 직접 체험하자 더욱더 담대하게 선포하는 생활을 하게 되었습니다.

큰 생각, 큰 성장

한국과 세계의 지도자적인 위치에 있는 주의 종들은 여의도순복음교회와 저의 제자들의 교회가 어떻게 하나같이 대형 교회가 되었는지 궁금해 합니다. 남모르는 특별한 비결이 있어서 교계에는 공개하지 않고 꼭꼭 숨겨 놓은 것 아니냐는 의심의 눈도 있습니다. 그러면 저는 원리와 비밀을 설명하기 위한 가장 간단한 방법으로 옛날 속담인 "왕대밭에 왕대 난다."를 인용하여 대답하곤 합니다.

저의 제자들은 제가 여의도순복음교회에서 하고 있는 큰 목회 스타일을 보고 배우고 자라면서 생각의 틀이 커져 있습니다. '할 수 있다, 하면 된다.'라는 저의 생각을 따라서 같이 생각하고 그림을 그리고, 목회 철학을 배우기 때문에 생각이 커진 것입니다. 생각은 똑같은 모양으로 머물러 있는 것이 아니라 커지고 자라는 속성을 가지고 있습니다.

제자들은 왕대밭의 큰 교회와 큰 목회를 보면서 생각을 성장시킬 수 있었습니다. 생각의 성장은 성숙의 질과 양적인 면에서 깊은 관련이 있습니다. 사람의 생각에는 창조성이 있기 때문입니다. 물론 목회를 외형의 크기만으로 판단할 수는 없습니다. 농어촌의 작은 교회에도 하나님의 뜻과 섭리가 있습니다. 여기서 크기를 논한 것은 생각의 크기가 현실을 만든다는 측면에서 한 말입니다. 보고 생각하는 것이 작으면 작은 현실의 열매를 맺고, 큰 생각은 큰 열매를 맺을 가능성이 높다는 뜻입니다. 중요한 것은 자신이 바라는 영역에 대해 긍정적이고 적극적인 4차원의 생각을 성장시켜야 한다는 점입니다.

그러나 무조건 큰 생각을 한다고 큰 열매가 나타나는 것은 아닙니다. 생각은 시작일 뿐 그 생각에 맞는 행동이 뒤따라야 합니다. 예를 들어 가을에 풍성한 수확을 얻고자 하는 농부가 생각만 하고는 씨를 뿌리지 않는다면 결코 열매를 거둘 수 없는 것처럼 생각을 가졌으면 반드시 행동의 씨를 뿌려야 합니다.

저의 53년 목회를 돌아보건대 저는 생각만 크게 한 것이 아니라 그 생각을 이루기 위해 피나는 기도와 헌신, 그리고 연구와 노력을 계속했습니다. 생각이 현실로 자라게 하기 위해서는 노력과 헌신이 반드시 필요합니다.

생각을 긍정적인 프로그램으로 바꾸라

다시 말하지만 성경은 보이는 것은 나타난 것으로 된 것이 아니라고 가르치고 있습니다. 즉 보이는 3차원은 그 3차원의 산물이 아니라 보이지 않는 4차원의 영향을 받는 것입니다. 따라서 4차원의 요소인 '생각'이 부정적인 사람은 당연히 지배 받는 3차원에 부정적인 일이 생기고, 긍정적이고 적극적인 사람은 그 생각처럼 좋은 일이 일어나게 된다는 뜻입니다.

우리의 몸은 일종의 4차원 컴퓨터실입니다. 이 컴퓨터의 전원을 켜고 프로그램을 만드는 데 쓰이는 재료 중의 하나가 생각입니다. 생각은 4차원의 세계에 파장을 일으킵니다. 그 파장은 3차원에 영향을 미치고 우리의 삶에 결과를 출력하도록 만듭니다.

출력된 결과는 그 프로그램이 어떤 생각으로 만들어졌느냐에 따라 달라집니다. 예를 들어 우울하고 부정적이고 병든 생각이 만든 프로그램은 3차원의 요소인 우리의 생활과 몸 전체에 그 부정적인 내용을 그대로 전하게 됩니다. 그러면 울적하고 분노로 가득 찬 프로그램이 자동적으로 실행되어 스트레스를 받고 몸에 병이 생기고 맙니다.

반대로 긍정적인 생각으로 프로그램을 창조하는 사람은 언제나 자신의 3차원에 긍정적인 역사가 일어납니다. '나는 건강하다, 나는 행복하다, 기분이 너무 좋다.'라는 생각이 3차원에 영향을 미치기 때문에 활기차고 즐겁고 생기가 넘치는 삶을 살게 됩니다.

설득적인 사고방식을 가지는 것도 중요합니다. 설득적인 사고방식이란 '할 수 있다.'라는 태도입니다. 범사에 늘 소극적어서 '나는 못해! 나는 안돼! 나는 할 수 없어! 모든 것이 절망적이야!'라는 생각을 가지면 안 됩니다. 적극적인 사람이란 할 수 있다고 믿는 것입니다. 믿는 자에게는 능히 하지 못할 일이 없습니다. 적극적인 사고방식을 가진 사람은 항상 그 마음속에 신념을 품고 있습니다. '할 수 있다, 하면 된다, 해보자!'라는 사고방식으로 목표를 설정하고 계획을 세워 실천함에 있어 실패할 것을 생각하지 마십시오. 언제나 성공할 것을 생각하며 칠전팔기의 적극적인 사고방식을 키우십시오.

3. 부정적인 생각을 대적하라

인간의 타락으로 말미암아 우리의 생각에는 부정적인 요소가 가득합니다. 이러한 분노, 절망, 불안 등은 없애지 않으면 꼬리에 꼬리를 물고 점점 더 커집니다.

타락한 성품을 지닌 우리 사람의 생각은 근본적으로 부정적인 요소로 이루어져 있습니다. 그래서 부정적인 생각을 하면 또 다른 부정적인 생각이 계속해서 그 뒤를 따릅니다. 생각의 체질에는 사람을 부정적이고 파괴적으로 만드는 요소들이 있습니다. 그것은 우리의 마음속에 일어나는 크고 작은 미움과 분노, 공포와 불안, 슬픔과 좌절, 그리고 죄악과 세속의 파도입니다.

이러한 삶 속에서 승리하기 위해서는 생각의 체질을 바꿔야 합니다. 생각은 어떤 것에 영향을 받고 동화되느냐에 따라 그 체질이 형성됩니다. 생각은 영향을 주는 요소에 순응하는 체질이기 때문에 반드시 긍정적이고 창조적이며 생산적인 환경의 영향을 받아야 합니다. 따라서 4차원의 생각의 부정적 요소인 분노, 두려움, 열악한 환경 등과 맞서 싸울 필요가 있습니다.

분노를 제거하라

마음속의 분노는 부정적인 생각의 프로그램을 만듭니다. 분노는 또 다른 분노를 낳습니다. 잠언 15장 18절은 "분을 쉽게 내는 자는 다툼을 일으켜도 노하기를 더디 하는 자는 시비를 그치게 하느니라."라고 말씀하고 있습니다. 분노는 하나님의 의를 이루지 못합니다. 분을 내면 파괴적이고 종말적인 감정이 일어나서 올바른 판단을 내리지 못하게 되기 때문입니다.

제2차 세계 대전 당시 독일의 히틀러가 전쟁에 패한 근본적인 이유도 분노 때문이었습니다. 그는 명석한 두뇌와 뛰어난 관찰력, 그리고 예리한 판단력과 비상한 통치력을 가진 사람이었습니다. 그런 반면에 또 어찌나 화를 잘 내던지 조금만 비위를 상하게 해도 노여움과 화가 폭발하면서 날벼락이 떨어지기에 부하들은 제대로 보고를 하지 못했습니다. 그는 영국과 프랑스 등 자유 진영과 힘겨운 전쟁을 하면서도 일시적인 분노로 말미암아 주력 부대를 빼돌려 소련을 침공했는데, 바로 이것이 그의 일생일대의 돌이킬 수 없는 실수가 되고 말았습니다.

　연합군이 노르망디 상륙 작전을 감행했을 때도 그랬습니다. 소련 쪽으로 향하던 기갑 사단만 그쪽으로 돌리면 상륙을 저지할 수 있음을 알면서도 그의 부관은 낮잠을 자고 있는 히틀러를 깨우지 못했습니다. 단잠을 깨웠다가는 불호령이 떨어질 게 뻔했기 때문입니다. 이렇게 히틀러는 항상 사소한 일에 광분했습니다. 그가 한참 잠을 자고 일어났을 때는 이미 연합군이 노르망디에 완전히 상륙하여 진지를 구축한 뒤였고, 이로 인해 독일은 패전국이 되었습니다. 히틀러의 분노가 결정적으로 독일 제국을 패망에 이르게 한 것입니다.

두려움을 이겨라

　우리는 마음속에 일어나는 불안과 공포, 그리고 슬픔과 좌절에 대한 두려움을 이겨 내야 합니다. 그것은 소망과 삶의 활력을 빼앗아 가고 인생을 암담하게 만들기 때문입니다.

　요한일서 4장 18절은 "사랑 안에 두려움이 없고 온전한 사랑이 두려움을 내쫓나니 두려움에는 형벌이 있음이라 두려워하는 자는 사랑 안에서 온전히 이루지 못하였느니라."라고 말씀하고 있습니다. 두려움에는 형벌이 따릅니다. 암을 두려워하면 암이 형벌로 오고, 가난을 두려워하면 가난이 형벌로 오고, 전쟁을 두려워하면 전쟁이 형벌로 다가옵니다.

　슬픔의 두려움은 마음속에서 소망을 빼앗아 갑니다. 슬픔은 여름의 장맛비처럼 가슴을 적시며 흘러내리는 것입니다. 슬픔이 마음에 가득하면 삶이 부정적으로 변하고 희망이 사라집니다. 우리 인생은 이 슬픔을 피할 수 없습니다. 많은 사람들이 겉으로는 웃고 있지만 가슴에는 슬픔이 흘러내리고 있습니다. 슬픔은 이처럼 생각의 체질을 부정적으로 바꾸는 요소입니다.

　좌절의 두려움도 생각의 체질을 부정적으로 바꾸고 삶을 포기하게 만듭니다. 인생을 사는 가운데 고난을 당해도 좌절하지 않고 극복하여 다시 일어날 수 있는 방법은 하나님 안에서 소망을 붙잡는 길밖에 없습니다.

부정적인 환경을 초월하라

　우리는 태어날 때부터 부정적인 세계에서 태어났습니다. 하나님께 범죄하고 에덴에서 쫓겨나 저주 받은 이 세상에 살기 때문에 온몸에 저주가 꽉 들어차 있습니다. 그래서 자연스럽게 어릴 때부터 늘 '못한다, 안된다, 할 수 없다, 살기 힘들다, 괴롭다.' 하며 안 좋은 것만 보고 듣고 말하고 살았기 때문에 부정적인 것에 푹 절어 있습니다. 신문을 읽어도, 뉴스를 봐도 다 안 좋은 소식뿐입니다. 정부의 실정, 정치인들의 부정부패, 기업체의 탈세와 횡령 등 모든 것이 부정적인 내용입니다. 텔레비전에서 방영되는 드라마도 대개가 이루어질 수 없는 사랑이나 가정의 파괴 등 비극적인 내용이 주를 이룹니다. 얼마나 부정적인 것에 찌들었는지 그런 것들을 보면 같이 훌쩍훌쩍 울면서 빠져들어도, 즐겁고 밝은 내용을 볼 때는 별 흥미를 못 느끼며 재미없다고 합니다.

이처럼 우리는 부정적인 환경에서 태어나 부정적인 환경 속에 살고, 또 마귀가 끊임없이 찾아와 마음속에 부정적인 생각을 집어넣습니다. 그런데 만약 이 부정적인 생각을 떨치지 못하고 늘 그 안에 갇혀 있으면 성공적인 인생을 살 수 없습니다. 생각은 하나님이 역사하시는 그릇입니다. 부정적인 생각을 하면 긍정적인 하나님의 역사가 나타날 수 없습니다.

저는 강단에 설 때 성도들의 영혼 속 4차원의 세계를 변화시킬 계산하에 설교를 합니다. 특히 생각의 영역을 바꿔 주려고 노력합니다. 그들의 고장 난 4차원의 생각을 고쳐 주면 긍정적인 열매는 자연스럽게 열리기 때문입니다.

4차원의 생각이 고장 나면 삶을 긍정적이고 창조적인 생각과 마음으로 보지 못합니다. 자신의 무능력과 환경의 절망만을 바라보면 그 사람의 인생이라는 배는 침몰하고 맙니다. 이 세상에 무능력하지 않은 사람은 한 명도 없습니다. 그런데 이 무능력을 부정적인 생각으로 극대화시키는 사람은 삶의 의욕을 잃고 절망의 늪으로 빠져들게 됩니다. 그런 자신의 환경을 초월해서 긍정적이고 적극적이며 창조적이고 생산적인 생각을 하는 사람은 그 생각의 열매를 따게 되는 것입니다.

눈에 보이는 현상과 실상은 다른 경우가 많습니다. 현재 눈에 보이는 성은 너무 높고 그 땅에 사는 백성은 장대하여 비교해 보면 우리 스스로가 메뚜기 같아 보입니다. 또한 그 땅은 황량하고 광야와 같이 보입니다. 그러나 그 현실이 실제와는 다를 수도 있습니다. 우리가 살고 있는 이 땅, 지구는 현재 우리 눈에는 평평하게 보입니다. 높은 산에 올라가 보아도 우리의 시선이 미치는 곳까지 이 지구는 평평해 보입니다. 그래서 옛날 사람들은 집을 멀리 떠나지 말라고 했습니다. 배를 타고 바다 멀리도 가지 못하게 했습니다. 이유는 지구가 평평하기 때문에 땅끝이나 바다 끝까지 가면 낭떠러지가 나와서 떨어져 죽는다는 선입견이 있었기 때문입니다.

그러나 실상은 다릅니다. 오늘날 우리는 이 지구가 둥글다는 것을 압니다. 이처럼 눈에 보이는 현실과 실상은 같지 않을 때가 종종 있습니다. 또한 지구는 움직이지 않는 것처럼 느껴집니다. 우리가 느낄 정도로 지면이 흔들리거나 진동하지 않기 때문입니다. 그러나 사실 지구는 맹렬하게 자전하고 있으며, 무시무시한 속도로 태양을 중심으로 공전하고 있습니다. 그런데도 현재 우리 눈으로는 그것이 보이지도 않고 느껴지지도 않습니다. 이러한 느낌과 잘못된 선입견을 버리고 환경과 감각을 초월하는 생각을 가질 때 기적을 체험하게 되는 것입니다. 생각은 환경과 감각을 앞서는 4차원의 요소입니다.

우리는 예수 그리스도의 십자가 안에서 날마다 환경을 초월하여 변화할 수 있습니다. 십자가는 죽은 자를 살리는 능력이요, 없는 것을 있게 하는 힘이며, 절망을 희망과 소망으로 바꾸는 권능입니다. 십자가를 바라봄으로써 얻게 되는, 환경을 초월하는 긍정적인 4차원의 생각은 그 능력을 현실로 바꾸는 원동력입니다.

4. 다섯 가지의 복음과 세 가지의 축복을 생각하라

예수님의 십자가의 은혜를 입은 우리는 이미 복 받은 사람입니다. 저는 성도들에게 다섯 가지의 복음과 세 가지의 축복, 즉 오중 복음과 삼중 축복을 항상 생각하라고 당부합니다. 성경은 모든 선하고, 착하고, 칭찬할 만하고, 될 만한 것을 생각하라고 가르치고 있습니다. 그래서 저는 매일 이러한 복음과 축복을 생각합니다. '나는 용서 받고 의롭게 거듭난 사람이다. 나는 거룩하고 성령 충만한 사람이다. 나는 병 고침을 받은 사람이다. 나는 저주에서 해방된 사람이다. 나는 영생 복락을 누린 사람이다.' 그리고 '내 영혼이 잘되고 범사에 잘되고 강건하다.'라고 늘 생각합니다. 저의 4차원을 완전히 승리와 성공과 부요와 축복으로 채우면 3차원의 현실은 당연히 따라오게 되어 있기 때문입니다.

복음과 축복을 생각할 수 있는 근거

한국 전쟁 동안 우리 민족은 굉장한 고난의 삶을 살았습니다. 당시에는 화물 열차가 석탄을 싣고 오면 개미 떼같이 올라가서 그 석탄을 훔쳐 내곤 했습니다. 그러다 군인들이 쫓아오면 후다닥 뛰어내려 도망을 칩니다.

그러던 어느 날이었습니다. 그날도 사람들이 새까맣게 달려들어 석탄을 빼내고 있었습니다. 그중에는 열 살쯤 되어 보이는 어린아이도 있었는데, 아이가 석탄을 꺼내고 아이의 아버지는 밑에서 석탄을 줍고 있었습니다. 그런데 큰 석탄 덩어리 하나가 떨어져 열차 밑으로 들어갔습니다. 그때 마침 군인들이 달려오자 소년도 사람들을 따라 뛰어내렸습니다. 그러다 열차 밑으로 떨어진 그 석탄을 보게 된 소년이 그것을 꺼내겠다며 선로 사이로 기어들어갔는데, 갑자기 기차가 '철커덕' 하며 움직이기 시작했습니다.

모든 사람이 고함을 질렀습니다. 저도 소리쳤습니다. 그러나 아이를 구하려고 뛰어드는 사람은 아무도 없었습니다. 그때 기차 밑으로 쏜살같이 뛰어든 사람이 있었습니다. 아이의 아버지였습니다.

아들을 밖으로 밀어내기는 했지만 아버지는 바퀴에 깔리고 말았습니다. 지금도 그때를 생각하면 아찔합니다. 그 아버지는 죽어 가면서도 아이를 밀어내며 빨리 도망가라고 손을 흔들었습니다. 기차는 그렇게 지나갔고 아버지는 결국 죽고 말았습니다. 그때 저는 생각했습니다.

'왜 저 사람은 자기 목숨을 버리면서까지 아이를 구한 것일까? 자식은 다시 낳으면 될 것을……. 무엇 때문에 대신 죽어야 했을까?'

그때는 제가 중학생이었기 때문에 자식을 낳은 부모의 심정을 이해할 수가 없었습니다. 그러나 아버지가 된 지금은 이해할 수 있습니다. 아버지의 사랑에는 어떤 이론이나 논리가 없습니다. 사랑은 죽음보다 강하기 때문에 자식을 살리기 위해 뛰어들 수 있는 용기와 희생정신이 생겨난 것입니다. 그 아버지는 능히 자기를 구원할 수 있고 능히 스스로 살아갈 수 있는데도 불구하고 자식 때문에 자신을 희생했습니다.

하나님도 마찬가지입니다. 우리를 너무나 사랑하시기에 모든 것을 희생해서라도 구원하길 원하십니다. 그래서 독생자 예수 그리스도를 보내신 것입니다. 하나님이 친히 육신을 입고 오셔서 십자가에 못 박히신 것입니다. 이런 하나님의 사랑을 깨닫고 하나님이 함께하신다는 확신이 생기면 마음이 담대해집니다. 4차원의 생각에 변화가 오기 때문입니다. '하나님이 함께하시므로 능히 하지 못할 일이 없구나.'라는 생각의 명확한 근거가 생기는 것입니다. 그리고 실제의 삶 가운데서 할 수 있다는 생각으로 과감하게 전진할 때 승리와 기적을 체험할 수 있게 됩니다.

부요 의식의 근거는 그리스도의 부활

우리는 이미 축복을 가졌다는 부요 의식을 무엇으로 증명할 수 있을까요? 그것은 예수 그리스도가 십자가에서 죽었다가 부활하신 것을 통해 발견할 수 있습니다. 그의 생명을 내놓으실 정도로 우리를 사랑하시며 모든 것을 주길 원하시는 하나님의 마음이 십자가를 통해 나타난 것입니다. 그러므로 이 좌절과 절망의 가슴속에 십자가를 끌어안으면 사망과 음부도 물러가고 부활과 영광이 비치게 됩니다. 십자가의 죽음과 부활이 가져온 희망과 부요 의식은 모든 좌절과 절망의 쓴물을 완전히 변화시켜 단물로 만듭니다.

"누가 우리를 그리스도의 사랑에서 끊으리요 환난이나 곤고나 박해나 기근이나 적신이나 위험이나 칼이랴 기록된 바 우리가 종일 주를 위하여 죽임을 당하게 되며 도살당할 양같이 여김을 받았나이다 함과 같으니라 그러나 이 모든 일에 우리를 사랑하시는 이로 말미암아 우리가 넉넉히 이기느니라 내가 확신하노니 사망이나 생명이나 천사들이나 권세자들이나 현재 일이나 장래 일이나 능력이나 높음이나 깊음이나 다른 어떤 피조물이라도 우리를 우리 주 그리스도 예수 안에 있는 하나님의 사랑에서 끊을 수 없으리라(로마서 8:35~39)."

이처럼 예수님의 십자가의 능력과 부활의 영광이 우리를 변화시켜 우리의 가슴과 생각 속 절망의 쓴물을 희망의 단물로 만들어 주십니다.

생각의 거룩한 열매 맺기

지금까지 4차원의 영적 세계의 첫 번째 요소인 '생각'에 대해 함께 나누었습니다. 4차원의 생각을 육신적으로 하느냐, 영적으로 하느냐에 따라 인생이 천차만별로 달라집니다. 이 생각의 영역이 거룩한 열매를 거두기 위해서는 첫째, 성령님의 인도와 지배를 받는 것이 중요합니다. 성령님은 생명과 평안을 주시는 분이기 때문입니다. 우리의 생각이 성령님께 사로잡히고 성령님과 함께 생각하는 것을 배우기 시작할 때 우리가 바라고 소원하는 일들이 성령님에 의해 이루어집니다. 생각은 서로 영향을 주고받는 것이기 때문에 우리가 성령님의 주권 아래에서 영향을 받으려면 성령님을 주인으로 삼아 늘 함께 생각하고 함께 상의하고 함께 교제하는 친밀한 삶이 필요합니다.

둘째, 우리의 생각이 영적인 호흡이자 하나님과의 대화인 기도로 표현되어 그에 따라 움직일 때 비로소 그 생각이 열매로 나타나는 것임을 알아야 합니다. 기도는 4차원의 생각을 현실로 바꾸는 힘입니다. 모든 일의 주권자가 하나님이시기 때문에 기도로 의뢰하고 맡기고 간구할 때 하나님이 응답이라는 열매를 보여 주시는 것입니다. 기도는 3차원의 행위지만 4차원을 움직이는 실재입니다. 하나님은 우리 인간에게 교제의 특권을 주셨는데 그 방법이 바로 기도입니다. 하나님의 뜻과 생각에 사로잡혀서 올려 드리는 기도야말로 하나님의 마음을 움직이는 능력이 됩니다.

셋째, 생각이 성경 말씀에 사로잡히게 해야 합니다. 사람의 생각은 어떻게 변할지 알 수 없는 예측 불허의 요소입니다. 생각은 지식과 감정과 의지를 갖게 됩니다. 이처럼 예상할 수 없는 생각을 길들이고 바른길로 인도하는 것이 하나님의 말씀인 성경입니다. 생각이 성경 말씀에 사로잡히고 말씀을 따라 순종하기 시작할 때 그 생각이 열매를 맺고 3차원의 환경을 변화시키는 능력으로 나타나게 됩니다. 이제 이것을 알게 되었다면 생각을 바꿔야 합니다. 하나님의 생각으로 채워진 우리의 삶은 언제나 밝게 빛나는 태양과 같이 기쁨과 소망의 나날이 될 것입니다.

| 적용 |

생각, 이렇게 바꾸라

1_ 하나님의 방식대로 생각하라

무조건적인 낙관주의는 인본주의적 생각입니다. 말씀 묵상을 통해 하나님의 생각을 닮으십시오. 말씀을 통해 하나님의 마음을 깨달아 하나님이 생각하시는 방식을 생활에 적용하기 바랍니다.

2_ 긍정적인 생각으로 무장하라

부정적인 생각은 수시로 우리를 점령하려 합니다. 그러나 부정적인 상황이 닥치더라도 죽음을 이기신 예수님처럼 당신도 절망을 이겨 낼 수 있음을 믿고 예수님이 품으신 긍정의 생각으로 무장하십시오.

3_ 부정적인 생각을 대적하라

분노, 절망, 불안, 두려움……. 인간의 부정적인 생각은 꼬리에 꼬리를 물어 끝이 없습니다. 이제 단호히 그 부정적인 생각을 근절해야 합니다. 부정적인 생각을 심으려는 사단을 대적하고 예수님의 생각을 심으십시오.

4_ 다섯 가지의 복음과 세 가지의 축복을 생각하라

당신은 이미 복 받은 사람입니다. 예수님이 십자가에서 죽으시면서 우리에게 오중 복음과 삼중 축복을 내리셨습니다. 언제나 그 복의 주인공임을 기억하십시오.

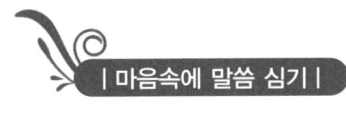

4차원의 생각

1_ 육신을 따르는 자는 육신의 일을, 영을 따르는 자는 영의 일을 생각하나니 **육신의 생각은 사망이요 영의 생각은 생명과 평안이니라**
-로마서 8:5, 6

2_ 이는 내 생각이 너희의 생각과 다르며 내 길은 너희의 길과 다름이니라 여호와의 말씀이니라 이는 하늘이 땅보다 높음같이 내 길은 너희의 길보다 높으며 **내 생각은 너희의 생각보다 높음이니라**
-이사야 55:8, 9

3_ 그 발은 행악하기에 빠르고 무죄한 피를 흘리기에 신속하며 **그 생각은 악한 생각이라 황폐와 파멸이 그 길에 있으며**
-이사야 59:7

4_ 모든 지킬 만한 것 중에 **더욱 네 마음을 지키라 생명의 근원이 이에서 남이니라**
-잠언 4:23

chapter · 2

4차원의 믿음, 이렇게 바꾸라

예수께서 이르시되 할 수 있거든이 무슨 말이냐
믿는 자에게는 능히 하지 못할 일이 없느니라 하시니
| 마가복음 9장 23절 |

앞이 캄캄하고 아무 희망도 보이지 않는 상황에 부딪혔을 때 당신은 어떻게 합니까? 우리는 강한 믿음을 가지고 있다고 하면서도 막상 이런 현실을 맞게 되면 그 믿음을 지키기가 어렵습니다. 왜냐하면 보이는 3차원의 모든 것이 우리의 생각과 마음을 부정적이고 혼란스럽게 흔들어 놓기 때문입니다. 이럴 때는 눈에 보이는 현상을 직시하지 말고 4차원에 계신 하나님을 생각하고 의지해야 합니다. 그래야만이 그러한 상황을 극복할 수 있습니다. 그러면 하나님이 그 믿음의 크기를 보시고 은혜로 모든 것을 이겨 낼 힘을 주십니다. 또 기적을 베푸십니다. 어떤 상황에서 어떤 모습으로 있든 하나님만 생각하며 믿음을 굳게 세우십시오. 놀라운 주님의 역사가

일어날 것입니다.

  25, 6년 전의 일이었습니다. 호주의 애들레이드에서 부흥회를 열고 그다음으로 퍼스에서 성회를 인도하게 되었는데, 호주 항공사의 파업으로 인해 비행기 운항이 중단되었습니다. 애들레이드에서 퍼스까지는 대형 여객기로 세 시간, 자가용 비행기로 다섯 시간이 소요되는 거리입니다. 저는 퍼스의 성회 관계자에게 항공사 파업으로 갈 수가 없다고 전화를 했습니다. 그러자 퍼스 측에서 말하길 성회를 대대적으로 준비했고 성도들이 모두 기다리고 있는 형편이라 취소할 수 없다며 자가용 비행기를 보내겠다는 것이었습니다.

  얼마 후 자가용 비행기가 도착하여 비행기에 몸을 실었습니다. 그런데 그 비행기는 수동으로 조종하는 것으로, 자동 항법 장치도 없어 육로인 고속도로를 따라가야만 했습니다. 그렇게 약 세 시간쯤 지났을 무렵 갑자기 큰 폭풍이 몰아쳤습니다. 구름이 꽉 들어차고 시계(視界)는 제로가 되었습니다. 눈앞이 그야말로 캄캄해졌습니다. 아무것도 보이지 않았습니다. 더 이상 비행기를 운행할 수 없게 되자 조종사는 최후의 수단으로 라디오 주파수를 따라서 방향 잡기를 시도하며 제게 부탁했습니다.

  "주파수를 찾을 동안 목사님이 조종간을 붙들고 계십시오."

  순간 너무나 당황스러웠습니다. 그러나 막다른 골목에 봉착했으니 별 도리가 없었습니다. 조종간을 잡고 균형을 유지하려 안간힘을 쓰는데 바람이 어찌나 세차게 불던지 견디기가 힘들 정도였습니다. 그 순간 제가 할 수 있는 일은 아무것도 없었습니다. 죽음의 기로에서 그저 하나님만 의지할 수밖에 없었습니다. 그래서 조종간을 붙잡고 "주여, 살려 주시옵소서."라고 외쳤습니다. 폭풍우를 지나는 동안이 마치 생지옥과 같았습니다.

그렇게 두 시간 동안 실랑이를 벌이는 가운데 갑자기 멀리서 희미한 불빛이 보이기 시작했습니다. 퍼스의 불빛이었습니다. 그것은 죽음에서 생명에 이르는 빛이었습니다. 그 불빛을 따라 비행기를 움직여 무사히 도착할 수 있었습니다. 성회 참석자들은 안전하게 도착한 것이 기적이라고 했습니다. 이 모든 것은 하나님의 은혜요 권능이었습니다. 육신의 눈으로는 아무것도 보지 못했지만 하나님의 눈이 인도해 주셨던 것입니다.

믿음이란 육신의 눈에는 보이지 않는 마음의 실체입니다. 더구나 하나님과의 관계에서 믿음이란 절대적인 조건입니다.

> "믿음이 없이는 하나님을 기쁘시게 하지 못하나니 하나님께 나아가는 자는 반드시 그가 계신 것과 또한 그가 자기를 찾는 자들에게 상 주시는 이심을 믿어야 할지니라(히브리서 11:6)."

하나님이 아무리 좋은 것을 주시려고 해도 우리가 믿지 않으면 모두 허사입니다. 믿음은 하나님의 뜻과 마음을 현실화하는 능력입니다.

그러므로 우리는 항상 주 예수 그리스도 안에서 믿음으로 살아야 합니다. 성경은 "의인은 믿음으로 살리라(갈라디아서 3:11)."라고 교훈하고 있습니다. 하나님의 세계는 모든 것을 믿음으로 보아야 합니다. 믿음은 보지 못하는 것의 실상이기 때문에 믿음의 눈으로 없는 것을 있는 것처럼 보아야 합니다. 이렇게 하나님의 은총을 바라볼 때 우리의 삶 속에 그것들이 현실로 나타나게 됩니다.

이제 모든 현실을 믿음의 법칙으로 바라보고, 당신의 부정적인 환경과 생각을 주께 맡기십시오. 이렇게 믿음으로 사는 법을 터득한 당신은 언제나 삶의 승리자가 될 것입니다.

1. 바라봄의 믿음 법칙을 사용하라

목표를 바라보되 있는 것처럼 바라보십시오. 실체를 바라보십시오. 마음속에 소원을 품은 후 이미 이루어진 현실로 믿고 기도하십시오.

인도네시아는 인구 2억 명 중에 약 10퍼센트인 2천만 명이 예수를 믿고 있습니다. 이슬람 국가임에도 불구하고 수많은 사람이 순교를 당하고 고난을 겪으면서 교회를 지키고 부흥시킨 결과 2천만이나 되는 사람들이 예수를 믿는 아시아 최대의 크리스천 국가가 되었습니다. 게다가 수루바야에는 세계에서 가장 큰 예배당을 가진 교회도 있습니다. 아브라함 알렉스 목사가 시무하는 그 교회는 좌석 수가 2만 5천 석에 달합니다. 저도 그곳에서 부흥회를 인도한 적이 있는데, 이건 교회가 아니라 마치 운동장 같았습니다. 2만 5천 명이 한꺼번에 다 앉을 수 있는 교회를 가진 나라는 세계에서 인도네시아 하나밖에 없다고 합니다.

저는 그 교회에서 집회를 하면서 알렉스 목사의 둘째 아들을 보고 큰 감동을 받았습니다. 그 아들은 아버지를 도와 전국에 기독교 서점을 세워 경영하고 있었습니다. 그는 태어날 때부터 뇌성 마비의 상태였습니다. 전신이 다 뒤틀려 일상생활은 고사하고 움직이는 것만도 힘들었습니다. 이슬람교도들이 목사가 자식을 낳았는데 뇌성 마비를 앓고 있다며 손가락질하고, 하나님이 살아 계시다면 왜 그 지경이겠냐고 비난하기에 이르렀습니다. 이러한 핍박 때문에 전도가 쉽지 않자 알렉스 목사는 제게 하소연을 했습니다.

"우리 아들을 어떻게 해야 할까요? 목사님, 저는 이 아이를 데리고 목회를 할 수가 없습니다."

저 역시도 마음이 아팠습니다. 그러나 그런 마음은 하나님이 원하시지 않을 것이라는 확신이 들었습니다.

"목사님, 하나님 앞에서 바라봄의 믿음 법칙을 사용하십시오. 예수님이 십자가를 지심으로써 우리의 연약한 것을 친히 담당하시고 병도 짊어지셨기 때문에 그 병이 어떤 형태라 할지라도 십자가 뒤에 두고 오직 십자가만 바라보며 기도하면 치료될 것입니다. 십자가를 통해 아들을 바라보세요. 완전히 치료 받아 건강하고 정상적인 아이가 된 모습을 바라보십시오. 그 모습을 그리면서 매일매일 아들을 위해 기도하십시오."

알렉스 목사는 그날부터 눈을 뜨자마자 아들 방으로 향했습니다. 가서 십자가를 통해 아들이 완전히 낳은 모습을 바라보며 하루 종일 기도했습니다. 다음 날도 또 그다음 날도, 한 달 내내 기도했는데도 아무 일도 일어나지 않았습니다. 시간이 흘러 그렇게 두 달을 계속 기도했으나 역시 아무 일도 없었습니다. 석 달째에 들어서자 저에게 연락이 왔습니다. 울음 섞인 목소리였습니다.

"조 목사님, 석 달을 기도했는데도 우리 아들은 여전히 그 상태로 누워 있습니다. 도대체 어떻게 해야 합니까?"

순간 아주 난처했습니다. 괜히 그런 말을 해서 저까지 책임을 짊어지고 가슴 조이게 되었다는 생각이 스쳐 갔습니다. 이는 사단의 생각이었습니다. 저는 믿음으로 다시 마음을 추스르고 이렇게 말했습니다.

"기왕 석 달째까지 왔으니 끝까지 믿음을 지킵시다. 계속해서 바라보고 함께 기도합시다."

그래서 우리는 계속 기도하기로 마음먹었습니다. 그렇게 넉 달쯤 지났을 때였습니다. 그날 아침도 어김없이 아들 방에 들어갔는데, 아들이 "아버지!" 하고 부르는 것이었습니다. 이게 웬일입니까. 아들이 멀쩡한 모습으로 완전히 나아 있었습니다. 온몸이 마비되고 뒤틀린 모습은 전혀 찾아볼 수 없었습니다. 기적이 일어난 것입니다. 그 아들은 지금 건장한 청년으로 성장하여 가정을 이루고 자식을 셋이나 둔 주의 종으로서 아버지를 돕고 있습니다. 이것은 아무리 봐도 인간의 상식으로는 이해할 수 없을 것입니다. 당연히 그럴 것입니다. 기적은 4차원의 결과이기 때문입니다. 보이는 세계인 3차원의 생각으로는 있을 수 없는 일인 것입니다.

이처럼 기적을 체험하고 싶다면 성령의 인도하심을 따라 4차원의 영성인 바라봄의 '믿음 법칙'으로 믿어야 합니다. 아브라함이 어떻게 믿음의 조상이 되었습니까? 그는 끊임없이 꿈꾸고 하나님을 믿었기 때문에 믿음의 조상이 된 것입니다. 아브라함이 애굽에서 나왔을 때 하나님은 그를 높은 언덕으로 올라가게 하시어 말씀하셨습니다.

"롯이 아브람을 떠난 후에 여호와께서 아브람에게 이르시되 너는 눈을 들어 너 있는 곳에서 북쪽과 남쪽 그리고 동쪽과 서쪽을 바라보라 보이는 땅을 내가 너와 네 자손에게 주리니 영원히 이르리라(창세기 13:14, 15)."

하나님은 아브라함에게 먼저 바라보게 하시고 그다음에 믿음을 주셨습니다. '바라봄'과 '믿음'은 동전의 앞뒤와 같습니다. 바라보는 것은 4차원이지만 3차원을 바꾸는 믿음과 연결될 때 기적이 나타나는 것입니다. 히브리서 11장 1절에서 2절을 보면 "믿음은 바라는 것들의 실상이요 보이지 않는 것들의 증거니 선진들이 이로써 증거를 얻었느니라."라고 말씀하고 있습니다. 이처럼 믿음은 바라보는 것의 실상이며 증거입니다.

심고 거둘 것을 기대하라

저는 항상 그의 나라와 그의 의를 먼저 구하고 또 믿음으로 심고 기적이 일어날 것을 기대하며 살아왔습니다. 여의도에 교회를 지을 때 저는 생애 처음으로 어렵게 마련했던 서울 냉천동 집을 주님께 바쳤습니다. 기도하는 중에 하나님이 "너의 집을 하나님께 심으라. 그렇게 하면 하나님이 그것을 통해 기적이 일어나게 해주실 것이다."라고 말씀하셨기 때문입니다.

서른 살에 결혼한 후 어렵게 마련한 조그만 집 한 채를 전부 주님께 바친다는 것은 목사인 저에게도 참으로 힘든 일이었습니다. 그렇지만 결국 순종했습니다. 그러자 하나님이 정말 큰 기적을 일으켜 주셨습니다. 여의도에 땅을 사서 교회를 짓고 하나님의 사역을 할 수 있도록 더 넓은 터전을 마련해 주신 것입니다. 제가 드린 액수가 중요한 것이 아니라 하나님의 말씀에 순종하여 믿음의 씨앗을 심었다는 것을 기특하게 봐주신 것이었습니다.

사람은 무엇을 심든 그대로 거두게 됩니다. 적게 심는 자는 적게 거두고 많이 심는 자는 많이 거둡니다. 이것은 자연의 법칙일 뿐 아니라 하나님 앞에서는 영적인 법칙이기도 합니다. 심지 않고는 거둘 수 없습니다. 그리고 심으면 반드시 거둘 것을 기대해야 합니다. 씨를 뿌려 놓고 수확을 기대하지 않는 농부를 보았습니까? 우리는 하나님께 우리의 전부도 다 드릴 수 있다는 믿음을 가지고 있어야 합니다. 이런 마음이어야 하나님 앞에서 기적을 기대할 수 있습니다. 하나님은 예수 그리스도의 십자가를 통해 이미 우리에게 영혼이 잘되고 범사에 잘되며 강건하고 생명을 얻되 풍성히 얻도록 복을 주셨습니다.

기도의 내용을 발전시켜라

받은 줄로 마음에 확신이 들어오고, 받았다고 생각되고, 믿음 법칙으로 바라보게 될 때까지 기도했다면 이제는 기도의 말을 달리해야 합니다. 받은 줄로 확신하고 난 다음에도 계속해서 '낫게 해주십시오, 허락해 주십시오.'라는 기도는 믿음이 없는 기도입니다.

이미 구했으면 그때부터는 '고쳐 주셔서 감사합니다. 하나님이시여, 이미 고쳐 주셨으니 더욱 낫게 해주시옵소서.'라고 기도해야 합니다. 이미 나았다 해도 증상이 사라지는 데는 시간이 걸립니다. 성령님이 우리에게 나았다고 확신을 주시는데도 자꾸 '고쳐 주시옵소서, 고쳐 주시옵소서.' 하면 '이 사람아, 이미 고쳐 주었는데 왜 이리 잔소리가 많으냐!' 하십니다. 그렇게 하면 불신앙의 말이 되어 버리고 맙니다.

자녀들의 구원을 위해 간절히 기도하다가 어느 때가 지나면 마음속에 '이제 다들 구원 받았다.'라는 확신이 생깁니다. 마음에 확신이 왔어도 여전히 자녀들은 교회에 나오지 않고, 놀러 다니고, 자기 일에 바쁩니다. 그러면 마음에 자꾸 의심이 생기려 합니다. 마음에 확신은 왔어도 현실이 그렇지 않기 때문입니다. 그때는 이렇게 기도해야 합니다.

'아버지 하나님! 우리 맏아들은 이미 구원을 받았으니 빨리 주님 앞에 불러 주시옵소서. 우리 둘째 딸도 이미 구원을 받았으니 돌아서게 해주시옵소서. 우리 막내아들도 이미 구원을 받았사오니 이제 세속으로 돌아다니지 않게 해주시옵소서.'

이것이 믿음의 기도입니다. 직장을 위한 기도도 마찬가지입니다. 열심히 기도한 당신의 마음에는 이미 좋은 직장을 얻었다는 확신이 있을 것입니다. 그런데 계속 '직장 주시옵소서.'라고 기도하면 '이 사람아, 직장을 주었다고 했는데 왜 그리 의심이 많으냐!' 하고 주님이 꾸짖으실지도 모릅니다. 그럴 때는 이렇게 기도하십시오.

'하나님! 직장을 주셔서 감사합니다. 하나님이 주셨으니 빨리 나

타나게 해주시옵소서. 이미 직장을 주셨으니 빨리 나타나게 해주시옵소서.'

없는 것이 있는 것처럼 믿기는 그때에는 없는 것을 있는 것처럼 말해야 하는 것입니다. 이렇듯 바라봄의 믿음 법칙을 기도에 적용할 때는 중언부언하지 말고 정확하게 확신 있는 태도로 하나님께 올려야 합니다.

2. 부정적인 유혹의 환경과 싸우라

우리는 하나님 안에서 바라보고, 믿고, 꿈을 꾸었습니다. 그런데 눈에 보이는 환경은 우리를 포기하게 하고 절망하게 합니다. 그래도 결코 여기서 멈추고 놓아서는 안 됩니다. 그 모든 것은 우리가 싸워 이겨야 할 대상들입니다. 인내와 끈기를 가지고 끝까지 싸워 이기는 사람들에게 믿음 가운데 바라본 것들이 실상이 되어 나타나게 됩니다.

"믿습니다! 아이고, 그런데 안 믿어지네!"

폭발적인 부흥을 이루던 1960년대 당시 우리 교회가 처음으로 금요 철야 예배를 시작했습니다. 그때는 한국에 철야 예배가 없었습니다. 그렇게 국내에서 처음으로 금요 철야 예배를 시작한 것이 오늘날 전국적으로 전파되었습니다. 통행금지가 있던 시절이라 그에 얽힌 에피소드도 참 많았습니다.

  모두 새벽 4시까지 철야 예배를 하며 함께 기도하고 찬양하고 간증하는 가운데 은혜를 나누었습니다. 그때는 눈 깜빡할 사이에 새벽이 되었다고 느낄 정도로 기도의 열기가 뜨거웠습니다. 당시를 되돌아보면 철야 예배 때 부르짖어 기도하면서 수많은 사람들이 치유 받고 기도 응답을 받고 성령 충만을 받은 것이 기억납니다. 한번은 이런 일이 있었습니다. 그때 저는 병자를 위해 기도한 후 이렇게 선포했습니다.

"오늘, 하나님의 능력으로 위궤양을 고침 받은 사람이 있습니다."
그러자 한 청년이 벌떡 일어나더니 말했습니다.
"목사님, 접니다. 제가 위궤양에서 나았습니다! 믿습니다! 아이고, 그런데 안 믿어지네!"

  저는 그 청년의 말이 상당히 인상적이었습니다. "주여, 믿습니다!"라고 그렇게 당당하게 고함을 치더니 곧바로 "아이고, 안 믿어지네!"라고 말한 것은 어떻게 보면 아주 솔직한 고백입니다. 사실 대부분의 사람들이 그 청년처럼 "믿습니다." 하면서도 안 믿길 때가 많을 것입니다. 믿음은 내가 만드는 것이 아니며, 또한 믿음은 느낌이 아니기 때문입니다. 믿음은 느낌과 환경을 초월하는 것입니다.

그 청년은 명문 대학교에 다니는 학생이었습니다. 그런데 위궤양이 심하여 피를 토하기도 하며 죽음이라는 단어를 떠올리고 있었습니다. 피를 많이 쏟다 보니 스스로 생각하기에 '이제 곧 죽겠구나.' 싶었던 것입니다. 그래서 하나님의 능력으로 낳을 수 있다고 믿으려 발버둥을 쳤는데도 안 믿기더랍니다. 저는 저에게 있는 믿음을 그 청년에게도 주시도록 간절히 기도했습니다. 안수 기도를 하며 강력하게 기도했습니다.

먼저 그 청년의 믿음을 바꿔 놓아야 했습니다. 치료된다는 생각과 강력한 믿음, 그리고 미래를 향한 꿈과 말씀의 긍정적인 고백이 필요했기 때문입니다. 그 후 청년은 건강을 되찾았고 큰 믿음의 사람이 되었습니다. 그리고 신학을 공부해서 목사가 되었으며, 지금은 장로교의 목사로서 훌륭히 목회를 하고 있습니다.

솔직히 아무리 믿음을 지키고 인내하려 노력해도 세상이 인정하는 상식과 지식은 우리를 큰 절망으로 끌고 갑니다. 하나님의 말씀만 의지하며 믿음을 굳건히 하고 앞으로 나타날 기적을 기다리려 해도 이 환경의 압박은 계속해서 우리를 짓누릅니다. 그러나 우리는 이겨 내야 합니다. 하나님이 능히 이겨 낼 힘을 우리에게 주셨기 때문입니다. 우리 모두 이겨 낼 수 있습니다.

부르짖는 기도로 불신앙의 얼음벽을 녹여라

성경은 기도하고 구한 것은 받은 줄로 믿으라고 했는데, 아무리 기도해도 안 믿길 때가 있습니다. 이것이 문제입니다. 우리가 기도하고 구할 때는 받은 줄로 믿길 때까지 기도해야 합니다. 기도하고 구할 때 받은 줄로 믿는 마음과 응답의 사이에는 두꺼운 얼음벽이 있습니다. 이 얼음벽을 녹여야 합니다. 차디찬 바람으로는 녹일 수 없습니다. 뜨거운 기도의 열기가 있어야 합니다. 우리가 주님께 뜨거운 열기로 기도하면 이 얼음벽이 녹아내리기 시작합니다. 대다수의 사람들이 기도하다가 낙심하고 그만 주저앉아 버려 평안과 확신을 얻지 못하는 것은 이 얼음벽을 녹이지 못해서입니다. 얼음벽이 녹을 때 응답의 손을 잡을 수 있습니다. 그때 마음에 평안과 확신이 옵니다.

"구하라 그리하면 너희에게 주실 것이요 찾으라 그리하면 찾아낼 것이요 문을 두드리라 그리하면 너희에게 열릴 것이니(마태복음 7:7)."

예수님은 우리가 생각하는 것보다 더 크고 범위가 넓은 응답을 약속하셨습니다. 그러므로 확신이 올 때까지 계속해서 구하고 기도해서 얼음벽을 녹여 마침내 마음에 그 확신이 들면 받은 줄로 믿고 입으로 시인해야 합니다.

"너희는 여호와를 만날 만한 때에 찾으라 가까이 계실 때에 그를 부르라 악인은 그의 길을, 불의한 자는 그의 생각을 버리고 여호와께로 돌아오라 그리하면 그가 긍휼히 여기시리라 우리 하나님께로 돌아오라 그가 너그럽게 용서하시리라(이사야 55:6, 7)."

영국의 유명한 찰스 스펄전 목사는 "기도는 아래에서 줄을 당겨 하늘 위에 있는 큰 종을 하나님의 귀 밑에서 울리는 것과 같다."라고 말했습니다. 하나님의 귀 밑에 종을 두고 여기 밑에서 기도의 줄을 잡아당기면 하나님이 즉시 듣고 행해 주신다는 것입니다. 우리는 하나님께 기도하되 힘을 다하여 하고, 쉬지 말고 해야 합니다. 우리의 부르짖는 기도에 하나님은 반드시 응답으로 역사하십니다.

믿음의 기도는 절대 절망을 절대 희망으로 바꾸는 매개체입니다. 어떤 사람들은 큰 소리로 기도하는 것을 비판하기도 합니다. 그러나 예레미야 33장 3절은 "너는 내게 부르짖으라 내가 네게 응답하겠고 네가 알지 못하는 크고 은밀한 일을 네게 보이리라."라고 말씀하고 있습니다. 간구하는 기도는 부르짖는 기도입니다. 시편 145편 19절에서도 "그는 자기를 경외하는 자들의 소원을 이루시며 또 그들의 부르짖음을 들으사 구원하시리로다."라고 말씀하셨습니다. 그러므로 마음에 확신과 평안이 올 때까지 주님께 부르짖는 기도를 드려야 합니다. 뜨거운 소원을 품고 부르짖어 기도할 때 하나님이 응답해 주시기 때문입니다.

3. 3차원 인생의 짐을 주께 맡겨라

불안한 시대, 절망할 수밖에 없는 시대이지만 염려를 내려놓으십시오. 당신의 부정적인 생각과 두려움의 짐을 하나님께 맡기십시오. 오직 주님만 바라보십시오.

송강 정철의 '훈민가' 중에 이런 시가 있습니다.
"이고 진 저 늙은이 짐 풀어 나를 주오. 나는 젊었거니 돌이라 무거울까. 늙기도 설웨라커든 짐을조차 지실까."
이 시는 한 노인이 무거운 짐을 이고 지며 힘겹게 걸어가는 모습을 본 젊은이가 이를 측은히 여겨 그 짐을 대신 짊어짐으로써 그 노인이 쉽고 편한 길을 가시게끔 하겠다고 말하는 내용입니다.
바로 예수님이 하신 말씀도 이와 똑같습니다. 예수님은 사람들이 무거운 짐을 지고 고생하는 것을 안타깝게 여기셨습니다. 그래서 "수고하고 무거운 짐 진 자들아 다 내게로 오라." 하시며 편하고 홀가분하게 인생을 살아갈 수 있도록 우리를 초청하셨습니다. "죄의 짐이 무거우냐? 세상의 짐이 무거우냐? 마귀의 멍에가 무거우냐? 병의 짐이 무거우냐? 먹고사는 일이 그렇게 수고롭고 무거우냐? 인생살이가 고생스러우냐? 죽는 고통이 괴로우냐? 그 짐을 네가 지지 말지어다. 내가 짊어져 주마. 십자가의 멍에로 내가 그 모든 짐을 졌으니 너는 그저 나를 믿고 순종하며 내 밑으로 들어오너라. 그리하면 평안한 인생을 살아갈 수 있다."라고 말씀하신 것입니다. 이 얼마나 놀라운 초청입니까.

주님은 나의 목자

저는 이 말씀을 늘 외우고 다닙니다. 두려움이 다가올 때면 그 두려움을 향해 "두려움아 물러가라. 하나님이 나의 피난처요 나의 요새요, 내가 의뢰하는 하나님이시니 밤에 찾아오는 공포와 낮에 날아드는 화살과 어두울 때 퍼지는 전염병과 밝을 때 닥쳐오는 재앙을 두려워하지 아니하리로다. 천 명이 내 왼쪽에서, 만 명이 내 오른쪽에서 엎드러지나 이 재앙이 내게 가까이하지 못하리로다."라고 말합니다.

하나님의 말씀은 살아 있으며 운동력이 있습니다. 저 하늘이 무너지고 이 땅이 꺼져도 일점일획도 변하지 않습니다. 말씀을 알고 믿고 바라보고 시인하면 그 말씀의 역사가 우리의 삶 속에서 오늘날에도 이루어지게 됩니다.

복잡한 현대 사회는 항상 불안의 골짜기를 지나고 있습니다. 끔찍한 연쇄 살인 사건, 국제적인 테러, 새로운 전염병의 출현 등으로 사람들의 마음은 무겁기만 합니다. 근래 들어 잦은 지진이나 폭설, 폭우 등의 자연재해 역시 불안감을 가중시키고 있습니다.

뉴스를 통해 매일 접하는 무시무시한 소식들로 인해 모두가 두려움을 뼛속 깊이 느끼면서도 짐짓 태연한 척합니다. 그러나 사실은 그 공포를 마음속에서 떨쳐버리지 못하고 있습니다. 당장 뉴스에서 들리는 불행한 소식들은 외면할 수 있습니다. 그러나 지금 당신 앞에 놓인 문제들은 어떻게 해결할 것입니까?

계속되는 경기 불황으로 청년 실업이 급증하고 있으며, 수많은 가장들이 40대에 직장을 잃고 헤매고 있습니다. 게다가 심각한 저출산으로 인해 미래의 노동력이 현저히 줄어들고 있습니다. 아마 많은 사람들이 이러한 부분에 대해 더 이상 남의 문제가 아님을 공감할 것입니다. 멀지 않은 노후가 걱정되고, 당장 내일의 생계를 염려해야 하는 것이 이 시대를 살아가는 우리의 현실입니다.

그래서 사람들은 스포츠에 몰두하기도 하고, TV 드라마나 영화, 인터넷 게임 등에 빠져 지내면서 현실을 회피하려고 합니다. 뿐만 아니라 이런 불안감을 각종 수련회를 통해 해소하려는 모임도 많이 생겨났습니다. 마음과 관련된 서적도 한 해 동안 백여 종이 넘게 발간되고, 점집이 사람들로 북적거리며, 심리 치료를 하는 신경 정신과는 정신적인 치유를 원하는 사람들로 호황을 누리기도 합니다. 그러나 이러한 일시적인 방편들은 결코 우리 마음의 두려움을 근본적으로 해결해 줄 수 없습니다.

지금 이 시대는 사망의 음침한 골짜기를 지나고 있습니다. 이 골짜기를 지날 때는 점집을 찾아가도 소용이 없고 신경과 치료를 받아도 아무 소용이 없습니다. 그 사망의 골짜기에서 우리를 건질 자는 우리의 목자, 예수 그리스도밖에 없습니다. 하늘과 땅의 모든 권세를 가졌다고 하신 예수님이 선한 목자가 되셔서 사망의 음침한 골짜기를 지날 때 우리의 손을 친히 붙잡고 함께하시는 것입니다.

이 마지막 때에 우리는 더욱 깨어나 기도하고, 우리의 목자이신 예수 그리스도의 손을 잡고 어두운 골짜기를 헤쳐 나가야 합니다. 왜냐하면 주님만이 지팡이와 막대기로 우리를 안전하게 인도해 주시기 때문입니다. 그 지팡이는 주님의 인도하시는 손길입니다.

"문지기는 그를 위하여 문을 열고 양은 그의 음성을 들으니 그가 자기 양의 이름을 각각 불러 인도하여 내느니라(요한복음 10:3)."

주님은 우리의 목자요, 우리는 그분의 양입니다. 그러므로 목자 되신 주님은 우리의 이름을 다 아십니다. 우리의 이름을 하나하나 부르면서 그 지팡이로 우리를 인도해 주십니다.

4. 믿음으로 사는 법을 학습하라

일상 속에서 믿음으로 사는 법, 하나님과 동행하는 법을 학습하십시오. 성령님을 만나고, 말씀을 묵상하고, 하나님을 묵상하면서 믿음의 사람들을 가까이하십시오.

　제아무리 강한 척 버텨 봐도 우리 모두는 어쩔 수 없이 연약한 존재입니다. 인간은 유한한 존재이기 때문입니다. 그래서 늘 새롭게 마음을 먹고 다시 일어서지만 또다시 쓰러집니다. 이런 우리를 하나님은 긍휼히 여기시고 돌보길 원하십니다. 이 얼마나 감사한 일입니까. 우리가 이 세상을 이기는 삶을 살 수 있도록 말씀을 주셨고, 우리를 도우시는 보혜사 성령님을 보내 주셨습니다. 그뿐만이 아닙니다. 영적 동반자들을 우리에게 붙여 주십니다. 그러므로 늘 말씀을 묵상하고 성령님과 교제하며, 믿음의 사람들과 함께 하나님 앞으로 나아가야 합니다.

말씀을 통한 믿음 성장

　19세기 미국을 복음으로 변화시킨 전도자이자 설교가인 드와이트 무디는 거듭난 후 하나님 앞에서 온전히 살기로 서약했지만 늘 넘어지고 비틀거리는 삶을 면치 못했습니다. 무디는 이래서는 안 되겠다고 생각하여 산으로 들어가 기도하고 부흥회도 쫓아다녔습니다. 그러나 그곳에서 받은 은혜가 한 달을 못 갔습니다. 그래서 "나는 길가에 뿌려진 씨앗처럼 말씀의 씨가 자라지 못하는 마음 밭인가 보다."라며 탄식했습니다. 그러던 어느 날 문득 펴 본 것이 로마서의 말씀이었습니다.

"그러나 그들이 다 복음을 순종하지 아니하였도다 이사야가 이르되 주여 우리가 전한 것을 누가 믿었나이까 하였으니 그러므로 믿음은 들음에서 나며 들음은 그리스도의 말씀으로 말미암았느니라 그러나 내가 말하노니 그들이 듣지 아니하였느냐 그렇지 아니하니(로마서 10:16~18)."

이 말씀을 읽자 그의 마음에 믿음과 깨달음이 왔습니다. 그것은 말씀이 믿음을 붙잡아 주는 것이며, 믿음이 흔들릴 때 예수님의 말씀을 들음으로써 믿음을 강하게 만들 수 있다는 깨달음이었습니다. 말씀을 통해 믿음 성장의 방법을 찾은 무디는 그날부터 매일 새벽마다 성경을 묵상하게 되었고 하나님께 믿음을 달라고 기도했습니다. 그리고 믿음을 더 키우기 위해 하나님의 말씀을 입으로 시인하고 선포했으며 말씀대로 행동하며 살려고 노력했습니다.

그 후 무디는 세계를 복음으로 흔드는 신앙의 거장이 될 수 있었습니다. 그는 "성경은 내게 필요할 때 침상이 되었고, 어두울 때 등불이 되었으며, 일할 때 연장이 되었고, 찬미할 때 악기가 되었으며, 무지할 때 스승이 되었고, 헛발을 디뎌 빠질 때에 반석이 되었다."라고 말했습니다.

성령님을 통한 믿음의 도약

　18세기의 영국을 변화시켰으며 감리교의 창시자이기도 한 요한 웨슬리 목사는 옥스퍼드 대학에 재학 중이던 시절, 뜨거운 열정을 가지고 하나님께 자신의 삶을 드렸습니다. 그리고 선교사가 되어 미국으로 건너갔습니다. 그러나 그는 선교사의 꿈을 온전히 펼치지 못했습니다. 믿음에 위기가 온 것입니다.

　실패를 안고 낙심한 채 다시 영국으로 발길을 돌렸습니다. 그런데 돌아오는 중에 그가 탄 배가 풍랑을 만나 침몰 위기에 직면했습니다. 웨슬리를 비롯한 많은 사람들이 두려움에 떨며 우왕좌왕했으나 하나님을 경건하게 섬기던 모라비안 교도들은 오히려 하나님을 찬양하며 믿음으로 환경을 이겨 냈습니다. 이 모습을 본 웨슬리 목사는 큰 충격을 받습니다. 그리고 1738년 5월 24일, 런던의 올더스게이트에서 성령님을 뜨겁게 체험합니다. 그때의 경험을 그는 이렇게 말했습니다.

　"그날 저녁, 나는 마지못해 친구의 강요에 떠밀려 올더스게이트의 거리 집회에 나갔습니다. 어떤 사람이 루터의 로마서 주석 서문을 읽어 내려가고 있었습니다. 9시 15분쯤 그가 예수 그리스도 안에 있는 믿음을 통해 하나님이 우리의 마음에 일으키시는 변화를 설명하는데, 내 마음속에 이상한 뜨거운 불이 임하면서 설레기 시작했습니다. 예수 그리스도를 믿음으로 말미암아 값없이 용서를 받고 의롭다 함을 얻어 구원 받는다는 진리를 마음속으로 확연히 깨닫게 되었습니다."

이전에는 로마서를 읽을 때 머리로만 읽어서인지 마음속에 절실히 와 닿지가 않았는데, 그날 저녁에는 신기하게도 가슴이 뜨거워지고 설레는 불길이 임하더니 믿음으로 용서와 의를 얻는다는 진리가 확실하게 느껴진 것입니다. 그러자 영혼에 밝은 빛이 비치고 환희가 넘쳐 났습니다. 그 길로 그는 일어나 영국을 변화시키는 복음 전도를 시작했습니다. 훗날 사람들이 그에게 "당신은 무슨 힘으로 이렇게 위대한 전도를 할 수 있었습니까?"라고 물었을 때 그는 "나는 올더스게이트의 체험 이후 알게 된 성령의 불길을 언제나 마음에 품었기 때문에 그처럼 복음을 전할 수 있었습니다."라고 대답했습니다.

진리를 아는 것만으로는 변화되지 않습니다. 하나님의 진리를 성령님으로 말미암아 마음속에 깨닫게 되고 그러한 체험이 있어야 어떠한 시련과 환난도 이길 수 있는 믿음과 용기와 힘이 생겨납니다. 웨슬리 목사는 성령님과 함께 교제하며 믿음의 키를 높였습니다. 우리도 그처럼 마음을 늘 성령님의 뜨거운 불길로 채워야 합니다.

웨슬리 목사에게 임하셨던 성령님은 지금 이 순간 우리에게도 오시길 원하십니다. 그래서 우리가 진리를 깨닫고 기억할 수 있도록 도와주십니다. 4차원의 믿음은 성령님에 의해 성장합니다. 믿음은 우리가 만들어 내는 창조물이 아니라 하나님에 의해 주어지는 은혜며 성령님이 만들어 주시는 작품입니다.

"성령도 우리의 연약함을 도우시나니 우리는 마땅히 기도할 바를 알지 못하나 오직 성령이 말할 수 없는 탄식으로 우리를 위하여 친히 간구하시느니라 마음을 살피시는 이가 성령의 생각을 아시나니 이는 성령이 하나님의 뜻대로 성도를 위하여 간구하심이니라(로마서 8:26, 27)."

성령님은 인생의 절망의 순간순간마다 우리를 위해 끊임없이 기도해 주시고 안내하시며 가르쳐 주십니다. 그렇기 때문에 우리가 성령의 도우심을 통해 하나님 아버지와 예수 그리스도의 말씀을 깨닫고 그 뜻을 알 수 있는 것입니다.

영적 동반자와 연합된 믿음

믿음의 사람들은 함께 연합할 때 그 믿음을 더욱더 견고하게 할 수 있습니다. 성경에서도 "두세 사람이 내 이름으로 모인 곳에는 나도 그들 중에 있느니라(마태복음 18:20)."라고 말씀하셨습니다. 또 의인 한 사람으로 인해 하나님은 그가 있는 곳을 축복하십니다. 우리는 믿음의 사람들과 교제를 나누며 하늘나라를 확장하고, 세상과의 싸움에서 더 쉽게 이길 수 있는 힘을 얻을 수 있습니다. 또 우리 자신이 믿음의 힘이 되어 많은 영혼들에게 도움을 줄 수도 있습니다.

1969년, 미국의 34대 대통령을 지낸 아이젠하워가 월터 리드 육군 병원에서 별세하기 얼마 전에 빌리 그레이엄 목사가 심방을 와서 30분 동안 대화를 나누었습니다. 잠시 후 그레이엄 목사가 떠나려 하자 아이젠하워 대통령이 그를 붙잡았습니다.

"목사님, 저와 조금만 더 이야기하고 가십시오. 함께 있어 주세요."

"그러죠. 그런데 무슨 할 말이 더 있으십니까?"

"목사님, 저는 아직 하나님을 만날 확신이 없습니다. 저 좀 도와주시겠어요?"

"우리가 죄 사함 받고 구원을 얻어 하나님의 자녀가 되는 길은 오직 예수 그리스도가 우리를 위해 고난 받으셨으며 십자가에 매달려 죽으시고 부활하셨다는 것을 믿기만 하면 됩니다. 우리의 공로가 아닙니다."

그러고는 대통령의 손을 잡고 기도했습니다. 그때 대통령은 눈물을 흘리며 그레이엄 목사에게 감사의 말을 건넸습니다.

"목사님, 감사합니다. 이제야 비로소 하나님을 만날 준비가 되었습니다. 마음에 참된 평안이 왔습니다."

대통령은 그런 기쁜 마음 가운데 세상을 떠났습니다. 그레이엄 목사의 확신에 찬 기도가 아이젠하워의 믿음에 참평안을 가져왔던 것입니다. 이처럼 자신의 믿음이 부족하다고 느낄 때는 믿음의 동역자를 찾으십시오. 그들의 기도로 도움을 얻는 것도 지혜입니다. 연합된 믿음의 기도는 확신과 평안을 가져다주기 때문입니다.

믿음 학습은 평생 학습이다

이 땅을 살아가는 우리는 저 하늘의 천국을 바라보며 소망을 가지고 항상 믿음을 굳건히 세워 나가야 합니다. 현실이 어둡고 캄캄하다 할지라도 환경을 바라보지 말고 언제나 하나님만 바라보며 하나님께 의지하는 믿음으로 긍정적이고 적극적인 신앙을 지켜 나가야 합니다. 그럴 때 하나님이 종국적으로 모든 것이 합력하여 선을 이루게 해주십니다. 이를 위해서는 항상 믿음으로 사는 영적 습관이 들어야 합니다. 말씀을 통해 믿음 성장의 방법을 찾고, 성령님과 함께 교제하며 믿음의 키를 높여야 합니다. 그리고 믿음의 사람들과 함께 연합하여 그 믿음을 더욱 견고하게 다져야 합니다.

이와 같이 믿음으로 사는 법을 배우게 되면 놀라운 하나님의 기적을 체험하게 됩니다. 믿음으로 사는 법은 한순간에 이루어지는 능력이 아닙니다. 평생토록 학습하고 배워야 합니다. 그래서 습관이 되어야 합니다. 성경에 나오는 많은 믿음의 사람들은 평생 동안 믿음으로 사는 법을 배우고 노력한 인물들입니다. 4차원의 믿음은 이런 과정을 통해 성장하고 자라납니다.

믿음, 이렇게 바꾸라

1_ 바라봄의 믿음 법칙을 사용하라

목표를 바라보되 있는 것처럼 바라보십시오. 마음속에 소원을 품은 후 이미 이루어진 현실로 바라보고 믿으며 기도하십시오.

2_ 부정적인 유혹의 환경과 싸우라

믿음을 포기하도록 하는 수많은 유혹들이 있습니다. 환경 속에 유혹이 있을 수도 있고, 가까운 가족이나 친구들이 장애물이 될 때도 있습니다. 이 모든 것은 사단의 역사입니다. 싸워 이기십시오. 평안이 올 때까지 기도하십시오. 뜨겁게 부르짖어 기도함으로써 믿음을 지켜 내십시오.

3_ 3차원 인생의 짐을 주께 맡기라

불안한 시대, 절망할 수밖에 없는 시대이지만 염려를 내려놓으십시오. 당신의 현실이 가져다주는 부정적인 생각과 두려움의 짐을 하나님께 맡기십시오. 오직 주님만 바라보십시오.

4_ 믿음으로 사는 법을 학습하라

일상 속에서 믿음으로 사는 법, 하나님과 동행하는 법을 학습하십시오. 말씀을 묵상하고, 하나님을 묵상하십시오. 또 항상 믿음의 사람들을 가까이하며 교제함으로써 공동체 안에서 믿음을 성장시켜 나가십시오.

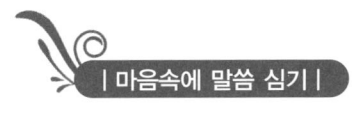

| 마음속에 말씀 심기 |

4차원의 믿음

1_ <u>믿음은 바라는 것들의 실상이요 보이지 않는 것들의 증거니</u> 선진들이 이로써 증거를 얻었느니라

― 히브리서 11:1, 2

2_ <u>아브라함이 바랄 수 없는 중에 바라고 믿었으니</u> 이는 네 후손이 이 같으리라 하신 말씀대로 많은 민족의 조상이 되게 하려 하심이라

― 로마서 4:18

3_ 네가 보거니와 <u>믿음이 그의 행함과 함께 일하고 행함으로 믿음이 온전하게 되었느니라</u>

― 야고보서 2:22

4_ 믿음으로 모든 세계가 하나님의 말씀으로 지어진 줄을 우리가 아나니 <u>보이는 것은 나타난 것으로 말미암아 된 것이 아니니라</u>

― 히브리서 11:3

chapter · 3

4차원의 꿈, 이렇게 바꾸라

그는 자기를 경외하는 자들의 소원을 이루시며
또 그들의 부르짖음을 들으사 구원하시리로다

| 시편 145편 19절 |

당신은 지금 어떤 꿈을 꾸고 있습니까? 혹시 그 꿈이 인간적인 욕심은 아닙니까? 이것을 잘 구별해야 합니다. 4차원의 세계에서 잉태된 잘못된 욕심은 그대로 3차원의 인생에 결과로 나타나기 때문입니다. 바른 꿈과 욕심은 큰 차이가 있습니다. 꿈에는 내일에 대한 희망이 있습니다. 법을 어기거나 죄를 지을 필요가 없습니다. 그러나 욕심은 모든 것을 어기고 죄를 범해야 이룰 수 있습니다.

모세가 젊었을 때 민족 구원에 실패한 이유가 있습니다. 젊은 혈기만으로, 자신만의 생각대로 꿈을 꾸었기 때문입니다. 아무리 좋은 꿈과 이상이라도 하나님이 함께하지 않으시면 인간적인 야망과 욕심에 그치는 것입니다. 반대로 아브라함과 요셉은 환난 가운데서도 승리했습니다. 그들은 하나님과 함께 꿈꾸었기 때문입니다.

이렇게 하나님과 함께할 때 하나님이 주시는 꿈이 있습니다. 하나님은 성경과 성령을 통해 설교와 기도 시간 가운데 꿈을 주십니다. 하나님의 꿈은 인간의 꿈과는 비교할 수 없을 정도로 크고 광대합니다. 모세는 민족의 해방만을 꿈꾸었지만 하나님은 이스라엘을 제사장 국가로 만드는 꿈을 꾸고 계셨습니다. 하나님은 모세에게 이렇게 말씀하셨습니다.

"너희가 내게 대하여 제사장 나라가 되며 거룩한 백성이 되리라 너는 이 말을 이스라엘 자손에게 전할지니라(출애굽기 19:6)."

이렇게 하나님의 꿈은 더 크고 넓습니다. 그래서 우리는 무한하신 하나님의 꿈을 꾸어야 합니다. 그리고 요셉처럼 하나님이 주시는 꿈을 평생토록 부여잡아야 합니다. 그럴 때 하나님의 꿈이 우리로 하여금 모든 환경과 고난을 뛰어넘게 합니다.

하나님을 통해 품게 된 꿈은 4차원 안에 있습니다. 이 꿈이 3차원을 점령하여 현실로 이루어지는 것입니다. 이제 자신의 4차원의 영적 세계 안에 있는 꿈이 어떠한지 점검해 보기 바랍니다. 그리고 그 꿈을 다음과 같이 바꾸어 보십시오.

1. 하나님의 크고 비밀한 일을 소망하라

　사람의 힘으로는 결코 해결할 수 없는, 마치 낭떠러지와도 같은 순간들이 있습니다. 그러나 성경은 하나님은 능히 하지 못하시는 일이 없다고 말하고 있습니다. 우리가 절망이라고 생각할 때 하나님은 소망이 있다고 말씀하십니다. 하나님은 우리가 알지 못하는 크고 비밀한 일을 행하십니다. 이런 하나님이 우리와 늘 함께하시기에 우리는 그 하나님을 그저 무조건 믿고 따르기만 하면 됩니다. 그리고 그런 마음을 품은 사람에게 하나님의 놀라운 기적이 일어나게 되어 있습니다. 그래서 우리는 위대한 하나님의 기적을 기대하고 꿈꾸며 살아갈 수 있습니다.

　1965년이었습니다. 브라질 성회를 마치고 리우데자네이루 공항에서 비행기를 기다리고 있는데 한 경찰관이 와서 여권을 보여 달라고 했습니다. 저는 아무 거리낌 없이 공항 업무의 관례상 그러겠거니 하며 여권을 펼쳐 보였습니다. 그런데 이게 웬 날벼락입니까. 그 경찰관이 여권을 가지고 도망을 친 것입니다. 순간 눈앞이 캄캄해졌습니다. 그 당시 브라질에는 아는 사람도 전혀 없었으며, 한국인은 고사하고 동양인조차 찾아보기 힘든 때였습니다.
　시간은 계속 그렇게 흘러갔고 결국 저는 비행기를 타지 못했습니다. 여비도 딱 맞춰 가져온지라 남은 돈도 없었습니다. 갑자기 다리에 힘이 풀리면서 그 자리에 주저앉고 말았습니다. 그러고는 울면서 기도하기 시작했습니다.

"하나님, 보시옵소서! 저는 이제 어찌해야 합니까? 하나님을 사랑하는 자 그 뜻대로 부르심을 입은 자들에게는 모든 것이 합력하여 선을 이룬다고 하시지 않았습니까? 저는 하나님을 정말로 사랑하고, 하나님 뜻대로 이곳 브라질에 와서 주의 말씀을 전했습니다. 오직 주님만이 저를 아십니다. 주님, 합력하여 선을 이루신다는 주님의 약속을 믿습니다. 주님, 저와 함께하여 주시옵소서!"

제가 할 수 있는 일이라고는 기도밖에 없었습니다. 그렇게 계속 기도를 하고 있었는데, 한 신사분이 다가와 "혹시 조용기 목사님 아니십니까?" 하는 것이었습니다. 저는 잘못 들었나 싶어 주위를 다시 둘러보았습니다. 이럴 수가! 틀림없이 저를 부르는 소리였습니다.

"네, 맞습니다. 제가 조용기 목사입니다. 그런데 저를 아십니까?"

"10년 전에 '루이스 P. 리차드'라는 제 친구가 한국에 선교사로 나갔었습니다. 그때 그 친구가 목사님의 사진이 붙어 있는 간증 기사를 보내 준 적이 있습니다. 그 간증문을 참 감명 깊게 읽었던 기억이 납니다. 정말 신기하네요. 여기서 목사님을 만나다니 말입니다. 10년 전에 사진으로 얼핏 본 얼굴이 이렇게 정확히 기억날 줄은 몰랐습니다. 그런데 여기는 웬일이십니까? 저는 오늘 상파울루에서 오신 손님을 환송하러 나왔다가 돌아가는 길인데, 10년 전 그 사진 속 모습과 똑같은 사람이 앉아 있기에 혹시나 해서 물어본 것입니다."

저는 그만 왈칵 눈물이 쏟아졌습니다. 주님의 은혜가 얼마나 큰지 너무 감사해서 어찌할 바를 몰랐습니다. 주님이 저의 기도에 응답해 주신 것입니다. 저는 그분에게 자초지종을 말했습니다. 그가 말하길 브라질에서는 흔히 있는 일이며, 특히 제3세계 외국인들에게 심하다고 합니다.

"목사님이 잘 모르셨군요. 혹시 돈을 달라고 하지 않던가요? 얼마라도 쥐어 주었더라면 여권은 안 뺏기셨을 텐데, 그래도 이만하길 천만다행입니다."

저는 그분의 도움으로 무사히 귀국할 수 있었습니다. 지금도 생각하면 그저 감사할 뿐입니다. 하나님은 이렇게 좋으신 분입니다. 크고 깊은 수렁에서 우리를 건져 주시는 분입니다. 저는 그 일을 계기로 하나님을 더욱 신뢰하게 되었고 그 사랑을 더 깊이 느끼게 되었습니다.

사람이라면 누구나 이 사랑을 체험할 수 있습니다. 제가 목사이고 특별해서가 아닙니다. 간절히 하나님만 바라보며 의지하는 가운데 있으면, 그리고 그 믿음을 잃지 않는다면 하나님은 반드시 크고 비밀한 일을 보여 주십니다. 당신도 믿음 가운데 그 놀라운 일을 느껴 보십시오.

이스라엘 백성을 향한 하나님의 크고 비밀한 일

이스라엘 백성의 출애굽은 하나님의 계획이 얼마나 크고도 정확하신지 잘 알 수 있는 대표적인 예입니다. 하나님은 모세를 통해 그 백성들을 430년 종살이에서 해방시켜 주셨습니다.

그런데 출애굽의 첫 번째 장벽이 그들을 가로막습니다. 가나안을 향해 움직이는 그들을 망망한 홍해가 기다리고 있었던 것입니다. 뒤를 돌아보니 애굽의 군사들이 전차를 끌고 이들을 잡으러 달려오는 것이 보였습니다. 이스라엘 백성들은 이러지도 저러지도 못하는 상황에 처했습니다. 앞은 건널 수 없는 큰 바다요, 뒤에는 적의 군사가 버티고 있었으니 어찌할 도리가 없었습니다. 군중 사이에서 원성이 일기 시작했습니다. 여기저기서 땅을 치고 통곡하며 이제 우리 모두가 죽었노라고 모세를 원망했습니다. 바로 그때 모세가 말했습니다.

> "너희는 두려워하지 말고 가만히 서서 여호와께서 오늘 너희를 위하여 행하시는 구원을 보라 너희가 오늘 본 애굽 사람을 영원히 다시 보지 아니하리라 여호와께서 너희를 위하여 싸우시리니 너희는 가만히 있을지니라(출애굽기 14:13, 14)."

하나님은 이미 이스라엘 민족을 출애굽시킬 계획을 가지고 계셨기에 홍해 정도는 문제가 되지 않았습니다. 그들은 상상도 할 수 없는 방법으로 하나님은 기적을 행하셨습니다. 어느 누가 이것을 알았겠습니까. 이스라엘 백성들도 몰랐습니다. 애굽 사람도 물론 몰랐습니다. 사람의 지혜로는 헤아릴 수 없는 크고 비밀한 일을 하나님은 예비해 놓으신 것입니다. 모세가 홍해를 향해 지팡이를 내밀자 물이 갈라지며 길이 열렸습니다. 그들은 회개하며 다시 하나님의 권능의 팔을 붙잡았습니다. 그리고 모두 무사히 홍해를 건넜습니다.

뒤를 이어 애굽의 전차 군대도 그들을 쫓아 갈라진 홍해 사이로 들어섰습니다. 그런데 이게 웬일입니까. 바닷물이 다시 합쳐지면서 열렸던 물길이 없어지기 시작했습니다. 애굽의 군사들은 아비규환에 빠졌습니다. 홍해의 그 큰 물살이 군인들을 통째로 삼켜 버리고 말았습니다. 이는 우연히 일어난 자연 현상이 아닙니다. 하나님이 이스라엘 백성을 향한 크고 비밀한 일을 그들의 눈앞에 직접 보여 주신 것입니다.

언제나 변함없으신 하나님은 지금 우리를 향해서도 그 권능의 팔을 들고 계십니다.

"기록된 바 하나님이 자기를 사랑하는 자들을 위하여 예비하신 모든 것은 눈으로 보지 못하고 귀로 듣지 못하고 사람의 마음으로 생각하지도 못하였다 함과 같으니라 (고린도전서 2:9)."

하나님이 계획하신 일은 우리가 알 수도 없고 볼 수도 없습니다.

그래서 지금 당장은 불가능해 보이고 희망을 느낄 수도 없습니다. 그러나 하나님은 모든 것을 완벽하게 계획하고 계십니다. 우리를 향하신 하나님의 놀라운 사랑과 축복이 있음을 확신하며 소망을 가지고 꿈꾸십시오. 반드시 좋은 일이 일어날 것입니다.

우리를 향하신 하나님의 크고 비밀한 일

하나님이 천지를 창조하실 때 사람을 가장 나중에 지으셨습니다. 먼저 모든 환경과 조건을 만드신 후 아담과 하와를 지으셔서 그들에게 그것들을 다스리고 정복할 권세를 주셨습니다. 사람에게 필요한 모든 것을 먼저 창조하시고 우리를 사랑하사 예비해 놓으신 세계를 누릴 수 있도록 허락하신 것입니다. 아담과 하와를 위해 만물을 예비하신 하나님이 지금은 저와 여러분을 예수 그리스도 안에서 거듭나게 하시려고 이미 우리의 일생을 다 예비해 놓고 계십니다.

만세 전부터 주님은 우리의 구원을 예비하셨습니다. 우리가 우연히 죄를 지어 저절로 구원의 역사가 일어난 것이 아닙니다. 예수 그리스도의 십자가는 우리의 죄를 사하시고자 이미 계획된 사건이었습니다. 창세기 3장 15절은 "내가 너로 여자와 원수가 되게 하고 네 후손도 여자의 후손과 원수가 되게 하리니 여자의 후손은 네 머리를 상하게 할 것이요 너는 그의 발꿈치를 상하게 할 것이니라."라고 말씀하고 있습니다. 이 말씀은 앞으로 일어날 많은 사건들을 시사합니다.

예수님의 십자가는 우연한 사건이 아니라 철저하게 계획된 일이라는 사실을 알아야 합니다. 주님은 인간의 모습으로 이 세상에 오셨습니다. 동정녀 마리아를 통해 태어나신 것입니다. 이는 말씀대로 친히 여자의 후손이 되어 마귀와 원수가 될 것임을 보여 줍니다. 하나님은 벌써 아담과 하와가 타락했을 그 당시에 구세주 예수 그리스도를 예비해 놓고 계셨던 것입니다.

예수님이 탄생하시기 600여 년 전, 선지자 이사야는 이미 그리스도가 십자가에 못 박혀 고난당할 것을 예언했습니다.

"그는 실로 우리의 질고를 지고 우리의 슬픔을 당하였거늘 우리는 생각하기를 그는 징벌을 받아 하나님께 맞으며 고난을 당한다 하였노라 그가 찔림은 우리의 허물 때문이요 그가 상함은 우리의 죄악 때문이라 그가 징계를 받으므로 우리는 평화를 누리고 그가 채찍에 맞으므로 우리는 나음을 받았도다(이사야 53:4, 5)."

이 말씀을 통해 하나님이 얼마나 오래전부터 우리의 구원을 예비해 놓으셨는지 알 수 있습니다. 이렇게 이미 구원이 예비되어 있기 때문에 우리는 예수님을 믿기만 하면 그 구원에 이를 수 있음을 믿어야 합니다.

이제 당신도 그리스도를 믿음으로써 값없이 용서와 의와 구원을 받을 수 있다는 비밀을 깨달은 사람이 되었습니다. 하나님의 사랑과 놀라우신 능력은 이렇게 큰 것입니다. 감각적인 지식으로는 도저히 하나님의 역사를 이해할 수 없습니다. 하나님은 그 지식을 초월하시는 분이기 때문입니다. 그러므로 하나님이 예비하신 것을 언제나 마음으로 믿어야 합니다. 어떠한 일을 당해도 당황하지 말고 하나님이 모든 것을 계획하고 계신다는 것을 말입니다. 우리는 대책이 없을지라도 하나님은 대책이 있으십니다. 성경에는 우리를 향한 수많은 약속의 메시지들이 담겨 있습니다. 하나님의 이 약속의 말씀을 굳게 믿고 소망을 품으십시오. 우리는 하나님의 크고 비밀한 일 가운데 있는 축복 받은 사람들입니다.

우리가 꿈꾸어야 할 것

우리는 항상 마음속에 크고 비밀한 일이 나타날 것을 꿈꾸어야 합니다. 흑암이 다가올 것을 꿈꾸어서는 안 됩니다. 크고 비밀한 일을 약속하신 하나님의 말씀을 믿으며 항상 마음속에 희망으로 가득 찬 긍정적이고 낙관적인 꿈을 꾸어야 합니다. 그러면 하나님은 반드시 크고 비밀한 일을 나타내 주십니다. 우리의 상상을 초월한 하나님의 역사가 일어날 것입니다. 즉 하나님의 기적을 기대하며 입을 넓게 열고 있어야 한다는 뜻입니다. 하나님은 우리 가운데서 역사하시는 능력대로 우리의 온갖 구하는 것이나 생각하는 것에 더 넘치도록 능히 하실 분입니다.

미국에서 있었던 어느 모자의 이야기입니다. 이혼을 한 그 여인은 그날그날 일한 품삯으로 어린 아들과 근근이 살아가고 있었습니다. 어느 날 아들이 엄마에게 칭얼거리며 보챘습니다.

"엄마, 고양이 한 마리만 사주세요, 네? 고양이요."

그러나 고양이를 살 만한 돈이 없었습니다. 엄마는 마음이 아팠습니다.

"내 친구들은 강아지도 있고 고양이도 있는데, 엄마는 왜 안 사주세요?"

그녀는 아들을 달래며 이렇게 말했습니다.

"아들아, 우리 좋으신 하나님 아버지께 기도하자. 하나님이 분명히 고양이를 선물로 주실 거야."

그래서 이 엄마와 아들은 함께 손을 잡고 기도하기 시작합니다.

"우리의 모든 형편을 아시는 주님, 고양이 한 마리를 주시옵소서. 저희에게는 고양이를 살 여유가 없습니다. 하나님 아버지, 간절히 기도합니다. 우리를 불쌍히 여겨 주시옵소서! 예수 이름으로 기도합니다. 아멘."

아들이 엄마에게 물었습니다.

"정말 하나님이 고양이를 보내 주실까요?"

"그럼, 애야. 하나님은 못할 것이 없는 분이란다. 고양이는 문제도 아니지. 언젠가 꼭 보내 주실 테니 믿고 기다리며 열심히 기도하자. 하나님이 우리의 기도를 듣고 계시단다. 그러니 끊임없이 기대하며 꿈꾸자꾸나."

그렇게 엄마와 아들은 계속 기도했습니다. 그러던 어느 날이었습니다. 햇살이 따뜻한 오후, 엄마는 정원에 앉아 뜨개질을 하고 아들은 옆에서 종이접기를 하며 한가로운 시간을 보내고 있었습니다. 그런데 웬일입니까. 저기 높은 하늘에서 새까만 것이 하나 툭 떨어지는 것이었습니다. 고양이 한 마리였습니다. 두 모자는 너무나 놀랐습니다. 하늘에서 갑자기 고양이가 떨어지다니, 믿을 수 없는 일이었습니다. 그들은 기쁜 마음에 온 정원을 뛰어다니면서 진심으로 감사하고 또 감사했습니다. 하나님이 그들의 기도를 들어주신 것입니다. 이 일화는 '하늘에서 떨어진 고양이'라는 머리기사로 삽시간에 신문과 TV를 통해 미국 전역으로 퍼졌습니다.

며칠 후 어떤 사람이 이들을 찾아왔습니다. 자기가 고양이의 주인이라며 돌려달라는 것이었습니다. 이건 또 무슨 말입니까. 하늘에서 떨어진 고양이의 주인이라니요. 그 사람이 말하길 자기는 여기서 800미터 거리에 살고 있는데, 어느 날 고양이가 나무 위로 올라가더니 안 내려오더라는 것입니다. 그래서 고양이를 붙잡아 내려오려 했으나 뜻대로 되지 않아 나뭇가지를 휘어 꺾어서 당기다가 놓쳐 버렸다는 것이었습니다. 그렇게 가지가 튕겨 나가면서 고양이가 하늘로 솟아올라 사라졌다는 이야기였습니다. 그러면서 자기 고양이가 800미터를 날아 이 집에 떨어진 것이라고 주장했습니다.

그러나 이 모자도 하나님으로부터 받은 선물이므로 절대 줄 수 없다고 맞섰습니다. 어쩔 수 없이 소송이 붙었습니다. 법정에서 전문가들이 나와 조사를 시작했습니다. 고양이가 튕겨 나갔다는 나뭇가지에 똑같은 조건의 모형 고양이를 올려놓고 실험을 해보았습니다. 그런데 아무리 멀리 날아가도 20~30미터 이상은 넘지 못했습니다. 결국 고양이가 800미터를 날아갈 수는 없다는 결론이 났습니다. 마침내 법정은 "이는 하나님이 주신 고양이다."라고 판결을 내렸습니다.

참으로 상식 밖의 일입니다. 그러나 하나님은 이런 일을 가능하게 하시는 분입니다. 이처럼 상상을 뛰어넘는 마음의 꿈을 꾸십시오. 작은 꿈으로부터 큰 꿈을 품고 있으면 꿈이 우리를 이끌어 갑니다. 하나님의 놀라운 기적을 기대하고 꿈꾸기 바랍니다. 그러면 그 기적은 우리의 것이 됩니다. 하나님이 우리를 위해 예비해 놓으신 길이 있다는 확신을 가져야 합니다. 그리고 하나님이 반드시 크고 비밀한 일을 나타내시리라는 꿈을 꾸어야 합니다. 하나님을 향한 기대감을 끝까지 잃지 말고 계속 기도하십시오. 그 꿈은 당신의 것입니다.

2. 마음에 꿈꾸는 것을 구체적으로 그려라

당신의 꿈은 무엇입니까? 분명한 대상을 먼저 마음속에 그리십시오. 구체적으로 종이에 쓰십시오. 보다 더 구체적인 목표를 얻을 때까지, 확신이 올 때까지 기도하십시오. 그리고 이러한 목표를 말씀을 통해 점검하십시오. 지금 당장 꿈의 목표를 적어서 항상 눈앞에 두고 그 꿈이 이루어지는 모습을 바라보십시오. 성취된 모습을 늘 바라본다는 것은 굉장히 중요합니다. 그것이 실제로 우리가 이루게 될 모습이기 때문입니다. 그러므로 언제나 그 꿈이 실현되었음을 믿고 기다리십시오.

구체적인 목표를 그려라

예전에 호주에서 목회자들을 대상으로 교회 성장에 대한 세미나를 인도했을 때의 일입니다. 그들의 반응은 교회 성장이란 미국이나 한국에서는 가능해도 호주에서는 불가능하다며 매우 부정적이었습니다. 호주 사람들은 운동과 여가를 즐기기 때문에 교회에 잘 나오지 않는다고 하면서 말입니다. 일주일 동안의 강의가 끝나는 날 저는 한 가지 제안을 했습니다.

"여러분, 종이 한 장과 연필을 준비하십시오. 여러분이 기도하는 중에 바라본 2년 후 교회의 모습과 목표를 그 종이에 기록해 보십시오. 그리고 자신의 교회는 2년 이내에 몇 명의 성도를 꿈꾸는지 구체적으로 적어 보십시오."

사람들은 저마다 그 꿈을 적어 넣었습니다. '2년 후에 50명 성도의 교회가 될 것이다', '100명이 모이는 교회로 만들겠다', '300명, 500명의 큰 교회를 이룰 것이다' 등등 각기 다른 다양한 목표들이 나왔습니다. 저는 이어서 말했습니다.

"목표를 적은 종이를 여러분의 교회 사무실에 붙여 놓고 밤낮으로 쳐다보며 기도하고, 마음속에 그 모습을 그리십시오. 성령님께서 역사하실 것입니다."

그리고 2년 후, 다시 호주에 갈 기회가 생겼습니다. 그때 호주 하나님의 성회 총회장님이 눈물을 글썽이며 말씀하셨습니다.

"목사님! 우리 교회는 지난 10년 동안 전혀 앞으로 나아가지 못하고 부진의 늪에 빠져 있었는데, 꿈을 꾸고 기도했더니 2년 만에 100퍼센트 성장을 기록했습니다. 우리 교회뿐만이 아닙니다. 지금 호주의 모든 교회가 성장하고 있습니다."

이렇게 꿈의 원리를 적용하여 기도한 결과 수천 명의 성도가 출석하는 어마어마한 규모로 성장한 교회도 있었습니다. 이는 꿈꾸며 기도하여 얻은 기적의 산 증거입니다.

저는 국내에 500개 이상의 교회를 개척한다는 꿈을 품고 지금까지 300여 개의 교회를 세웠습니다. 목표가 있고 그에 따른 구체적인 계획이 있기 때문에 주야로 그 꿈을 바라볼 수 있습니다. 그리고 각양각색의 해외 대중 집회에 대한 꿈도 가지고 있습니다. 온 천하

만국에 나가서 복음을 전하겠다는 꿈의 목표입니다. 그래서 저는 그 꿈을 보며 잠에서 깨어나고, 그 꿈을 가지고 잠자리에 들며, 하루 종일 그 꿈의 목표를 바라보고 있습니다. 꿈을 바라보고 있을 때 그 꿈이 믿음을 생산하고 성령의 역사를 일으키게 됩니다. 그러므로 가슴속에 꿈을 품어야 합니다. 가슴에 품고 있는 그 꿈이 바로 미래를 창조하시는 하나님의 손길이 되기 때문입니다.

언젠가 남미 선교 여행 중에 카브레라는 목사를 만난 적이 있습니다. 그는 저에게 하나님의 역사에 대한 자신의 간증을 들려주었습니다.

한 어머니가 귀가 없는 아이를 안고 안수 기도를 받으러 왔다고 합니다. 카브레 목사는 기도를 하면서 그 아이에게 하나님이 멋진 귀를 만들어 붙여 주시는 장면을 상상했습니다. 그리고 마음으로 간절히 안수하면서 기도를 올렸습니다. 그런데 기도를 하고 난 후 얼마 지나지 않아 아이에게 귀가 아닌 조그만 혹이 생겨났습니다. 이상하다 싶었지만 그래도 열심히 기도했습니다.

다시 기도를 받으러 왔을 때도 처음과 변함없이 귀가 생기는 꿈을 상상하고 그림을 그리면서 안수해 주었습니다. 그는 계속해서 그렇게 기도했다고 합니다. 아이의 부모에게도 아이에게 귀가 있다고 생각하고 아침마다 "우리 아기, 귀가 참 예쁘구나."라고 말하면서 바라보고 쓰다듬어 주라고 당부했습니다.

그렇게 기도 속에서 별다른 일 없이 시간이 흐른 어느 날이었습니다. 그날도 역시 없는 귀를 있는 것같이 생각하고 안수 기도를 했습니다. 그리고 눈을 떠보니 그 작은 혹이 마치 부채처럼 퍼지더라는 것입니다. 이는 주님의 놀라운 기적이 아니고서야 있을 수 없는 일이지 않습니까. 이처럼 바라고 원하는 것은 성령 안에서 믿음으로 먼저 그리고 꿈꾸며 상상할 때 그 그림대로 나타나게 됩니다.

이렇게 4차원의 요소인 꿈의 목표는 구체적이어야 합니다. 왜냐하면 3차원에 나타나야 하는 현실의 상황은 뜬구름을 잡듯 막연한 것이 아니라 실제로 일어나는 아주 사실적인 것이기 때문입니다. 그 실제의 모습을 바라보고 목표를 정하십시오.

그리고 더 나아가 보다 자세하고 확실한 목표를 얻기 위해 기도하십시오. 금식 기도를 하는 이유도 우리의 4차원의 세계를 명확하게 하기 위한 것입니다. 우리의 꿈을 명확하게 하기 위한 것입니다. 금식을 하면서 에너지원을 끊어 버리고 '내 힘으로 할 수 있다.'라는 자아를 포기하는 것입니다. 이런 상태가 되어야 오직 하나님만 바라보며 자신을 변화시킬 수 있습니다. 이렇게 우리 자신이 변화하면 4차원의 세계가 바뀝니다. 그리고 그 가운데 하나님이 역사하시고, 하나님이 보여 주시는 꿈을 세밀하게 알게 됩니다. 그러므로 기도를 통해 보다 구체적이고 명확한 자신의 목표를 찾기 바랍니다.

십자가를 통과한 목표를 세우라

세상의 모든 운동선수에게, 가족이 있는 가장에게, 몸이 아픈 환자에게는 각각의 간절한 목표가 있기 마련입니다. 그러나 우리는 같은 꿈도 달리 꾸는 특별한 사람이 되어야 합니다. 예수 그리스도의 십자가를 바라보며 영혼과 육체, 그리고 생활의 질병에서 건강해지는 구체적인 꿈의 목표를 마음속에 받아들여야 합니다. 현재의 몸과 마음, 그리고 삶이 어떠한 상황에 있든 그것에 연연하면 안 됩니다. 우리는 십자가를 통해 예수님의 꿈을 받아들여야 합니다. 그때 우리의 정신적인 장애가 제거되고, 나음을 얻으며, 하나님의 능력을 보게 됩니다.

그렇습니다. 우리는 십자가를 통해 예수 그리스도 안에 있는 꿈의 목표를 바라보아야 합니다. 이로써 저주와 가난의 정신적인 장애를 제거하고 그리스도를 통해 아브라함의 축복과 형통을 받아들일 수 있습니다. 이것이 그리스도가 우리를 향해 품으신 꿈입니다.

"그리스도께서 우리를 위하여 저주를 받은 바 되사 율법의 저주에서 우리를 속량하셨으니 기록된 바 나무에 달린 자마다 저주 아래에 있는 자라 하였음이라(갈라디아서 3:13)."

우리는 십자가를 통과한 그리스도의 꿈으로 목표를 세워야 합니다. 더구나 믿는 사람들의 궁극적인 목표는 이 땅에 머물지 않습니다. 영원한 나라에까지 미치는 영원한 목표가 있습니다.

"만일 땅에 있는 우리의 장막 집이 무너지면 하나님께서 지으신 집 곧 손으로 지은 것이 아니요 하늘에 있는 영원한 집이 우리에게 있는 줄 아느니라(고린도후서 5:1)."

우리를 위해 십자가를 지신 예수님을 바라보십시오. 그리고 꿈을 꾸십시오. 우리의 소망은 이 땅을 초월하여 저 하늘나라까지 닿을 만큼 높이 있습니다.

3. 꿈의 성취 과정에서 작은 일부터 실천하라

소중한 자녀를 하루하루 꾸준히 잘 자라도록 보살피듯이 조그만 꿈을 깊이 간직하고 계속 키워 나가십시오. 성령님과 동행하면서 작은 일에 충성하며 고난을 이겨 내십시오.

십자가를 통해 품은 꿈은 반드시 심어야만 결실을 맺게 됩니다. 아무리 현실이 어려워도 마음속에 성령의 도우심으로 갖게 된 거룩한 꿈을 심으면 그것이 점점 자라나서 3차원을 이기고 변화시킵니다. 죽음은 생명으로, 무질서는 질서로, 흑암은 광명으로, 가난은 부유로 변화하기 시작합니다. 인생의 변화는 꿈의 변화에서 시작됩니다.

꿈의 성취에 앞서서 준비하라

사람은 누구나 인생의 변화와 꿈의 성취를 간절히 바랍니다. 그런데 그저 막연히 바라기만 할 뿐 그것을 위한 준비는 하지 않습니다. 꿈을 이루기 위해서는 사전 준비가 필수 조건입니다. 하나님이 주신 꿈은 그것이 꼭 이루어진다는 확신을 가지고 이미 실재가 되어 나타난 것처럼 행동해야 합니다. 이것이 꿈을 이루기 위한 사전 준비입니다. 준비되지 못한 사람에게 꿈은 그저 꿈일 뿐입니다. 현실에서 그 꿈을 만나기는 어렵습니다.

지금의 여의도순복음교회 대성전은 처음 여의도에 건축했던 성전을 밖으로 넓힌 것입니다. 교회가 성장하면서 저는 대성전을 중심으로 단지를 건설할 계획을 세웠습니다. 교육관과 두 개의 선교센터 등 여러 건물을 늘려 나갔습니다. 그리고 일간 신문인 국민일보사를 창립했습니다. 기도원도 확대할 필요를 느껴 준비하고 계획을 짰습니다. 왜냐하면 교회 성장을 통해 더 많은 영혼이 하나님과 깊은 교제를 가지도록 도울 수 있기 때문이었습니다. 여의도에 교회를 지을 그 당시 건축 예상 비용은 20억 원이었고, 제 수중에는 100만 원밖에 없었습니다. 그러나 모든 재정을 하나님 안에서 충당

할 수 있었습니다. 하나님은 저의 자원이십니다. 비전과 열정을 붙잡았을 때 재정은 맨 마지막 일인 것이며 이 또한 하나님이 다 맡아 주십니다.

하나님의 일에는 우선순위가 있습니다. 첫 번째로, 그 일이 주님의 뜻인지를 분별해야 합니다. 두 번째로, 명확한 목표를 세워야 합니다. 세 번째로, 그 목표를 달성하기 위한 강렬한 열정이 있어야 합니다. 마지막으로, 그 모든 일을 하나님이 함께 도우신다는 확고한 믿음이 있어야 합니다. 만약 이러한 모든 사항이 갖추어졌다면 이제 계산기에 팔을 내뻗고 비용을 지불할 때입니다. 제 경우는 물질이 채워진다고 믿고서 담대하게 나아갑니다. 주위 환경과 어려운 상황은 문제가 되지 않습니다. 단지 믿음으로 나아갈 뿐입니다. 이루시는 분은 바로 하나님이시기 때문입니다.

우리는 아기가 태어나기 전에 아기의 옷과 신발, 그리고 침대 등을 준비합니다. 그래야 아기가 태어났을 때 편안한 생활을 할 수 있습니다. 우리의 꿈도 마찬가지입니다. 꿈이 잉태되었다면 현실적인 대안을 준비해야 합니다. 그것을 성령님의 능력에 의해 품고 있어야 합니다. 그것이 꿈이 태어나는 유일한 방법입니다. 꿈은 단지 완성되는 것이 아니라 현실로 탄생하는 것입니다. 그러므로 꿈이 탄생했을 때 그것을 누일 수 있는 꿈의 침대를 만들어야 합니다.

저는 모든 사람이 꿈을 이루기 위해 먼저 준비되어 있길 원합니다. 더 나아가 하나님은 교회를 통해 복음이 온 세계 지구촌에 전해지길 꿈꾸고 계십니다. 우리는 하나님의 꿈이 이루어지도록 노력해야 합니다. 하나님은 우리의 모든 자원이십니다. 우리가 하나님을 자원 삼아 의지하고 믿음으로 나아갈 때 그분은 절대로 우리에게 실망을 안겨 주지 않으십니다.

꿈의 성취가 믿길 때까지 기도하라

창세기 17장을 보면 하나님은 아브람이 99세가 되었을 때 자식을 주겠다고 약속하셨습니다. 아브람과 사래에게는 줄곧 자식이 없었습니다. 그런데 하나님은 "없는 것을 있는 것같이 부르라."라고 하셨습니다. 아브람은 99세요 사래는 89세였습니다. 호호백발의 할아버지, 할머니인데다 자식도 없습니다. 그런데도 먼저 '많은 민족의 아버지'와 '많은 민족의 어머니'라는 뜻의 아브라함과 사라로 이름을 바꾸라고 하셨습니다.

그들에게는 아직 자식이 안 보입니다. 없습니다. 그러나 하나님 앞에서는 이미 자식이 있는 것입니다. 없는 것을 있는 것같이 부르라고 하신 것은, 하나님 앞에서는 모든 시간이 현재이므로 하나님께 이삭은 벌써 태어나 있는 상태이기 때문입니다. 그러나 사람의 눈으로는 보이지 않으므로 "없는 것을 있는 것같이 부르라."라고 하신 것입니다.

하나님을 믿는 사람은 없는 것을 있는 것같이 마음속에 확신하며 시인해야 합니다. 주님은 "무엇이든지 기도하고 구하는 것은 받은 줄로 믿으라 그리하면 너희에게 그대로 되리라(마가복음 11:24)."라고 말씀하십니다. 이는 없는 것을 있는 것같이 생각하고, 보고, 믿으라는 뜻입니다. 아직은 받지 못했지만 받은 줄로 믿으라는 말입니다.

또한 "누구든지 이 산더러 들리어 바다에 던져지라 하며 그 말하는 것이 이루어질 줄 믿고 마음에 의심하지 아니하면 그대로 되리라(마가복음 11:23)."라고 하셨는데, 이 말씀은 산더러 들리어 바다에 던져지라고 하기 전에 그 산이 바다에 던져지도록 하나님께 기도해서 그렇게 된 줄로 마음의 확신을 얻으라는 의미입니다.

그리고 무엇을 위해 기도하든 간절한 마음으로 해야 합니다. 그렇다면 언제까지 기도해야 할까요? 마음속에 성령이 오셔서 '이제 응답을 받았다. 이제는 괜찮다.'라고 느끼며 없는 것을 있는 것처럼 확신을 주실 때까지 기도해야 합니다. 이는 많은 사람들이 이미 체험했을 것입니다.

저도 어떤 목표를 이루고자 하나님 앞에서 기도를 시작하면 처음에는 그것이 너무 멀리 있는 것 같습니다. 그러나 '하나님! 부디 응답해 주시옵소서.' 하고 계속 기도하면 멀리 있던 꿈이 점점 가까이 다가옵니다. 그러다 보면 어느 날인가 마음속에 불현듯 응답 받았다는 확신이 듭니다. 그러면 그때부터 없는 것을 있는 것같이 생각하고, 바라보고, "나는 응답 받았다."라고 말하게 됩니다.

건강이나 질병의 문제로 인해 우리 교회의 기도원에 올라가 금식 기도를 하는 사람들이 많습니다. 그들이 기도원에 올라갈 때만 해도 아직 치료는 저 멀리에 있습니다. 그러나 하루, 이틀, 사흘, 금식하며 계속 기도하다 보면 어느 날 갑자기 마음속에 '아! 나았다.'라는 확신이 옵니다. 그런데 아직 눈으로 보면 낫지 않았습니다. 예수님이 무화과나무를 보고 저주를 하셨어도 나뭇잎은 여전히 새파란 채로 있었습니다. 무화과나무가 말라 버린 것은 하루 뒤였습니다. 우리도 마찬가지입니다. '내 몸이 나았다.'라는 확신은 왔지만 아직 병이 떠나진 않았습니다. 그럼에도 불구하고 "할렐루야!" 하고 기도원에서 내려와 며칠 있다 보면 어느새 낫게 됩니다.

믿은 것이 이루어지기까지는 시간이 걸립니다. 풀을 뽑으면 뿌리가 뽑혔으니 이미 죽은 것이지만 바싹 마르기까지는 시간이 걸리는 이치와도 같습니다. 이처럼 믿은 것은 이미 이루어졌다 해도 그것이 실제로 나타나는 데에는 시간이 필요합니다.

우리 교회의 한 자매는 낮은 계단 몇 개도 올라가지 못할 정도로 심장이 약했습니다. 병원에서는 수술을 해야 한다고 했습니다. 관상 동맥의 혈관이 막혔기 때문에 수술하지 않고는 나을 수가 없다고 말입니다. 그러나 그녀는 마음속에 기도해야 한다는 인도하심을 따라 수술을 거부하고 기도원에 올라갔습니다. 그리고 숙소에 앉아 기도를 했습니다.

'하나님 아버지! 병원에 가지 않고 심장 수술비를 하나님께 드립니다. 하나님이 저를 직접 수술해 주세요.'

믿지 않는 사람이 들으면 참으로 어리석기 짝이 없을 것입니다. 관상 동맥이 막혔다는데 수술을 안 하고 무슨 수로 나을 수 있단 말입니까. 그러나 그녀는 그렇게 기도하는 중에 마음속에 나았다는 확신이 서면서 성령님의 음성을 들었습니다.

"뛰어 보라!"

주님이 말씀하셨습니다. 그 상태에서 뛰었다가는 죽고 맙니다. 그런데 '나았다!' 하는 확신이 너무 강하여 그 자리에서 일어나 펄쩍펄쩍 뛰었다고 합니다. 희한하게도 숨이 차지 않았습니다. 그리고 계속 기도하자 "저 엘리야 고지까지 올라갔다가 내려오라."라는 음성이 마음에 확 들어왔습니다. 엘리야 고지는 기도원의 산 중턱에 있는 곳으로, 정상인이 오르기에도 꽤 힘든 길입니다. 그녀는 일어나서 바로 그 고지에 올라갔다 내려왔습니다. 보통 사람처럼 거뜬하게 갔다 왔습니다. 기적이 일어난 것입니다! 없는 것을 있는 것같이 믿고 바라보고 확신하자 깨끗이 나은 것입니다.

우리가 무엇이든 하나님 앞에 엎드려 기도할 때는 확신이 올 때까지 계속해야 합니다. 도저히 이룰 수 없을 것처럼 높아만 보이는 목표일지라도 포기하지 말고 기도해야 합니다. 예수를 믿지 않는 남편이나 아내, 자녀들에 대한 꿈, 사업, 질병에 대한 소원들은 우리 앞에 놓인 태산같이 높은 장벽입니다. 내 힘으로는 다스릴 수 없는 힘든 목표와 소망, 꿈을 가지고 하나님 앞에 엎드려 간절히 부르짖고 기도하십시오. 받은 줄로 믿길 때까지 기도하십시오.

꿈의 성취를 바라보며 작은 일에 충성하라

미국의 유명한 카네기 철강 회사의 후계자인 찰스 스웹의 이야기를 소개하겠습니다. 그는 초등학교밖에 못 나온 사람으로, 이 회사의 잡역부로 취직을 했습니다. 그가 맡은 일은 허드렛일이었지만 항상 마음속에는 어떤 일이든 최선을 다하고자 하는 성실함과 밝은 꿈을 지니고 있었습니다. 그리고 작은 일이지만 최선을 다하는 자신도 이 회사의 주인이라는 생각으로 성공한 미래의 모습을 바라보았습니다.

그는 매일 공장의 구석구석을 깨끗이 정리하고 청소했습니다. 마치 자기 집처럼, 자기가 주인인 공장처럼 그렇게 열심히 했습니다. 그런 모습을 보고 사람들은 비웃었습니다. 그러나 그는 다른 사람들의 비웃음에도 아랑곳하지 않고 비가 오나 눈이 오나 꾸준히 공장을 깨끗하게 정리하고 청소하며 '이 거대한 공장은 나의 것'이라는 꿈과 주인 의식을 가지고 일했습니다. 그러한 그의 행동과 태도가 결국 사람들에게 감동을 주었습니다. 마침내 성실함을 인정받은 그는 잡역부에서 정식 사원으로 발탁되었습니다.

정사원이 되고 난 후에도 그는 이전과 똑같이 열심과 주인 의식을 가지고 모든 일에 최선을 다했습니다. 그의 행동은 곧 소문이 났고, 이에 감동한 카네기 사장은 그를 비서로 채용했습니다. 비서가 된 그는 마치 카네기 사장의 분신과 같이 충성을 다했습니다. 그는 '나는 이 회사의 주인으로서 5리를 가라 하면 10리를 가고, 속옷을 달라 하면 겉옷을 주는 심정으로 일해야 한다.'라고 마음먹었습니다. 그리고 열심을 다해 성실히 일했습니다. 이런 그를 본 카네기는 얼마나 감동했던지 전 사원을 모아 놓고 당시 2, 3천 달러의 연봉을 받던 그에게 100만 달러의 보너스를 주었습니다. 카네기는 스웹이 품고 있는 꿈과 주인 의식은 그 어떤 값으로도 계산할 수 없는 것이라고 칭찬했습니다.

강철왕 카네기가 연로하여 은퇴할 때가 되자 직원들은 이 거대한 회사의 후계자가 과연 누구일지 무척 궁금했습니다. 하버드 대학 출신이 후계자가 될까, 프린스턴 출신이 차지할까, 아니면 어느 명문대가의 자녀가 발탁될까 하면서 저마다 이래저래 입방아를 찧으며 말들이 많았습니다.

그러나 카네기 사장은 잡역부에서 자신의 비서가 된 스웹을 후계자로 지명했습니다. 온 세계가 깜짝 놀랐습니다. 스웹 본인도 당황스러웠습니다. 카네기 사장은 학력이 높고 지식이 풍부한 사람이 아니라 회사에 대한 사랑과 주인 의식, 그리고 꿈을 가진 사람만이 회사를 잘 운영할 수 있다는 점을 강조했습니다. 그래서 항상 꿈과 주인 의식을 가지고 충성스럽게 일하는 찰스 스웹이야말로 회사를 훌륭하게 이끌 주인이라고 생각했던 것입니다.

지금 자신이 서 있는 곳이 어디든 간에 최선을 다하십시오. 주님이 도와주시고 함께하실 것을 믿으십시오. 작은 일에도 충성을 다하는 사람이 되십시오. 이는 주님의 명령입니다.

"무슨 일을 하든지 마음을 다하여 주께 하듯 하고 사람에게 하듯 하지 말라(골로새서 3:23)."

하나님은 모든 것을 보시며 우리의 마음을 다 아십니다. 그래서 그 마음을 꼭 높이 쓰실 것입니다. 우리는 하나님만 바라보며 맡은 일에 전심을 다하면 그것으로 충분합니다.

꿈의 성취와 연결된 고난의 터널

꿈과 소원은 저절로 이루어지지 않습니다. 그것이 이루어지기 위해서는 고난이라는 터널을 통과해야 합니다. 절대로 대가 없이 이루어지지 않습니다. 우리는 고난을 통과하면서 자아가 깨어지며 더욱 하나님을 믿고 순종하게 됩니다. 내 고집대로, 내 생각대로, 내 계획대로 행하던 삶을 하나님이 환난을 통해 깨뜨리시고 잘못된 길에서 돌려세워 하나님께로 돌아오도록 만드십니다. 하나님은 우리 각자의 인생을 위해 모든 일을 예정해 놓으셨습니다. 우리가 그 길을 올바로 걸어갈 때 하나님의 축복이 더욱 넘치게 됩니다.

꿈을 이루기 위해서는 소원을 바라보고 대가를 지불해야 합니다. 특히 고난은 우리의 자아가 깨어져 하나님을 더욱 믿고 순종하게 하기 위한 하나님의 계획입니다. 환난은 우리의 신앙을 자라게 하고 더욱 힘 있게 만듭니다. 시련과 고난을 경험한 사람만이 꿈을 이루고 보다 강한 힘을 갖게 됩니다. 팔의 힘을 기르려면 근육을 훈련합니다. 마찬가지로 우리의 꿈과 소망은 환난을 통해 자라고 더욱 능력을 얻게 됩니다.

그리고 고난은 더 큰 꿈과 소망을 가져오는 씨앗입니다. 고난을 통과하면 반드시 저 건너편으로 갈 수 있습니다. 고난은 꿈으로 나아가게 하는 터널일 뿐입니다. 그 터널을 통과하지 않으면 이 자리에 머물 수밖에 없습니다. 그러나 고난의 터널을 지나면 꿈이 이루어지는 곳에 도달할 수 있습니다. 시련의 터널을 지나면 더 큰 꿈으로, 더 넓고 희망찬 세계로 건너갈 수 있습니다.

"너희 믿음의 확실함은 불로 연단하여도 없어질 금보다 더 귀하여 예수 그리스도께서 나타나실 때에 칭찬과 영광과 존귀를 얻게 할 것이니라(베드로전서 1:7)."

환난은 꿈이라는 상 위에 차려진 밥입니다. 왜냐하면 꿈은 대가가 지불되어야 이룰 수 있는 것이기 때문입니다. 꿈을 가지고 있다면 그 상 위에 차려진 환난이라는 밥을 반드시 먹어야 합니다. 꿈이 있는 사람에게 환난은 양식이 되고, 그것을 먹음으로써 더 큰 힘과 용기를 얻어 꿈을 향해 전진할 수 있습니다. 꿈꾸는 자에게 고난과 시련은 아무것도 아닙니다. 그것은 단지 꿈을 이루기 위한 하나의 과정으로, 우리가 즐기고 취할 수 있는 꿈을 이루는 밥이 되기 때문입니다.

4. 항상 '희망의 꿈'을 간직하고 확산시켜라

하나님이 언제나 함께하신다는 것을 믿습니까? 그리고 언제나 지켜 주실 것을 믿습니까? 우리에게는 희망이 있습니다. 언제나 반드시 우리를 도와주실 주님이 계시기 때문입니다. 그래서 우리는 무엇이든 할 수 있습니다. 하나님 안에서 바라보고, 믿고 꿈꾸고, 기도하면 모든 것을 이루어 주십니다. 하나님의 희망을 품고 굳세게 기도하십시오. 우리는 모두 택함 받은 하나님의 존귀한 사람입니다. 당장 눈에 보이지 않는다고 실망할 필요 없습니다. 기다리십시오. 십자가의 고난을 묵상하십시오. 그리고 희망을 나누는 삶을 사십시오.

희망의 메시지

저는 1958년에 신학을 마친 후 교회를 개척했습니다. 서울 불광동에 있는 아주 가난한 동네에 천막 교회를 세웠습니다. 전쟁이 끝난 지 얼마 되지 않은 터라 모든 것이 열악했고 가난과 질병이 들끓던 때였습니다. 서울은 피난민을 비롯해 전국 각처에서 모여든 사람들로 인해 어느 동네를 가도 복잡하고 무질서하고 혼란스러웠습니다. 그런 난리 통의 서울 한가운데서도 대조마을은 특히나 궁핍한 동네였습니다. 저는 즉시 하나님의 복음을 전파하기 시작했습니다. 하나님의 희망의 빛이 가장 절실히 필요한 곳이었기 때문입니다.

"여러분, 회개하고 주님을 영접하십시오! 여러분은 한 사람 한 사람 모두가 존귀한 하나님의 자녀입니다! 예수 믿고 구원 받읍시다!"

그러나 저의 외침에 어느 누구도 대꾸를 하는 사람이 없었습니다. 대조마을은 험하기 그지없었습니다. 워낙 극빈자들만 모여 사는 곳인지라 온갖 문제 있는 사람들은 다 모인 듯했습니다. 알코올 중독자를 비롯해 불량배와 각종 병자들이 넘쳐 나는 곳이었습니다. 그런 절망의 골짜기에서 중대한 사건 하나가 일어나게 됩니다. 이 사건이 저의 목회 신념에 큰 영향을 주었습니다.

빼곡히 들어선 판잣집 사이로도 유독 눈에 띄는 집이 있었습니다. 정말 쓰러지기 일보 직전의 불안 불안한 상태였습니다. 저는 용기를 내서 문을 두드렸습니다.

"계십니까?"

한 여자분이 문을 열고 고개를 내밀었습니다.

"누구요?"

그녀는 이초희라는 이름에 함경북도 북청에서 피난을 온 사람이었습니다. 이야기를 들어 보니 아들 아홉 명과 자나 깨나 술에 찌들어 사는 남편을 둔 가엾은 여인이었습니다. 게다가 심장병과 위장병의 고통 속에 몸은 꼬챙이처럼 말라 있었습니다. 부인의 삶은 차마 말로 표현하기 힘들 정도였습니다. 저는 그 부인을 전도하기로 마음먹었습니다. 날마다 찾아가 문을 두드리며 예수 믿고 천국 가자고 설득했습니다. 그러자 부인은 종교인들은 모두 거짓말쟁이라며, 지금 살고 있는 여기가 지옥인데 천국이 도대체 어디 있느냐고 마구 화를 냈습니다.

"나는 죽어서 가는 곳에는 관심 없어요. 죽으면 그뿐이지. 내게는 지금 이 생활이 지옥 그 자체라고요. 당신도 한번 보세요. 지금 우리 형편을 보시라고요. 난 지금 잘살고 싶지, 죽어서 잘되고 말고는 관심 없어요. 필요 없으니 가세요!"

저는 전도하러 갔다가 오히려 그 부인에게 전도를 당했습니다. 구구절절이 다 맞는 이야기였기 때문입니다. 결국 아무 말도 못하고 천막 교회로 돌아왔습니다. 그녀의 말이 계속 귓가에 맴돌았습니다. 그 말대로 지금 우리의 삶 속에 천국이 와야 합니다. 저는 생각했습니다.

'그렇다! 죽은 뒤에 천국이 아니라 지금 천국이 필요하다! 하나님은 우리를 너무나 사랑하시기에 우리가 행복하길 원하고 계시지 않은가?'

인류는 하나님의 사랑으로 지음 받았지만 하나님을 배신합니다. 그래서 수고한 짐을 지며 죄 가운데 살아가야만 했습니다. 그런 우리를 하나님은 불쌍히 여기셨습니다. 그래서 독생자 예수 그리스도로 하여금 십자가에서 피를 흘려 우리의 죄를 대속하고 저주와 죽음과 질고를 대신하게 하셨습니다. 예수 그리스도를 통해 영원히 죄 가운데 있을 수밖에 없는 우리를 구원해 주신 것입니다.

그 구원의 놀라운 역사로 우리는 그저 예수님을 믿기만 하면 됩니다. 그러면 영혼이 잘됨같이 범사에 잘되고 강건한 삶을 얻을 수 있습니다. 이는 특정한 몇 사람만을 위해 준비하신 것이 아닙니다. 온 인류를 위한 것입니다. 그래서 예수님의 십자가로 전인 구원을 이루도록 하셨습니다. 십자가를 통한 구원은 영혼만이 아니라 영과 육과 현실을 구원하는 이 전인 구원의 메시지를 갖고 있습니다. 이것이 복음입니다. 이보다 더 큰 위대한 사랑이 어디에 또 있겠습니까. 우리는 그저 믿음으로 말미암아 하나님의 은혜로 죄에서 용서 받고, 믿음으로 말미암아 저주에서 해방을 얻고 축복을 받으며, 믿음으로 말미암아 치료 받고 구원 받을 수 있습니다.

저도 예수 그리스도를 이 믿음의 소망으로 만나게 되었습니다. 죽음으로 내몰린 완전히 절망적인 상황에서 성경을 읽으며 큰 소망의 불기둥을 발견했습니다. 그렇게 목회자가 되었습니다. 그리고 그 소망이 얼마나 중요한지를 점점 더 절실히 느끼게 되었습니다.

저는 그 부인이 자꾸 생각났습니다. 그리고 그 부인에게도 이 소망의 메시지가 필요하다는 사실을 깨달았습니다. 그래서 다시 찾아갔습니다.

"아주머니, 우리 팔자 한번 고쳐 봅시다!"

부인은 어이가 없는 듯했습니다.

"전에는 천국이 어쩌고 하더니, 목사라는 사람이 오늘은 웬 팔자타령이랍니까? 정말 웃기는 양반일세. 잔말 말고 빨리 나가요!"

부인의 문전 박대가 계속되었지만 저도 지지 않고 맞섰습니다.

"아주머니 팔자를 고쳐 줄 사람을 알고 있습니다. 그분께 가면 남편도 술을 끊게 될 것이고, 아이들 교육도 시켜 줄 것이며, 배부르게 먹고 마실 음식과 집도 주십니다. 어서 함께 갑시다!"

부인은 그제야 관심을 보이는 듯했습니다. 그리고 마음이 조금씩 열리기 시작했습니다. 부인과 함께 논길을 지나 다 떨어진 천막에 가마니를 깔아 놓은 교회에 도착했습니다.

"여기가 어딥니까?"

"우리 교회입니다."

부인은 천막을 한번 쓱 둘러보더니 배를 잡고 깔깔대며 웃었습니다.

"당신 팔자나 고치시죠. 나나 당신이나 별반 다를 게 없는데, 무슨 소리랍니까? 그 사람한테 당신이나 고쳐 달라고 해요."

아마 다른 사람들도 그 자리에 있었다면 같이 웃었을 것입니다. 그러나 저는 힘주어 말했습니다.

"맞습니다. 당신 팔자나 내 팔자나 다 형편없습니다. 그러나 예수 그리스도 안에서 우리는 소망을 얻을 수 있습니다. 예수를 믿음으로써 영적 구원을 얻었을 뿐 아니라 물질적으로 축복을 받고, 저주에서 해방을 얻었으며, 질병에서 치료 받아 건강을 얻고, 영원한 부활의 생명을 얻었으니 우리 한번 믿어 봅시다."

부인은 소망에 대한 이야기를 하자 어느 정도 화를 접었습니다. 그리고 매일같이 천막 교회에 나왔습니다. 그래서 함께 소망에 대한 이야기를 나누고 기도했습니다. 그러자 부인에게 놀라운 일이 생겼습니다. 소망을 가지고 기쁜 마음으로 생활하게 된 그녀는 심장병과 위장병이 깨끗이 나았고, 석 달 동안 집중 기도를 한 결과 남편이 술을 끊고 교회에 나오기 시작했습니다. 이것이 기적이 아니고 무엇이겠습니까. 주님이 행하신 큰일이 아닐 수 없습니다.

기적은 여기서 그치지 않았습니다. 함경북도 북청 도민회를 통해 직장을 구하게 되었고, 덕분에 집안 살림도 점차 펴지기 시작했습니다. 아이들도 학교에 보낼 수 있게 되었습니다. 당시는 땅만 내주면 집을 지을 수 있는 때였습니다. 교회에서 조그마한 땅을 마련하여 제가 보증을 서고 재료를 얻어 집을 지어 주었습니다. 이제 부인의 삶은 더 이상 지옥이 아니었습니다. 그녀는 예수를 믿고 영혼이 잘됨같이 범사가 잘되고 강건해지는 기적을 체험하게 되었습니다. 저 역시도 그 부인을 향해 주님이 베푸신 위대한 소망의 메시지에 큰 감동을 느꼈습니다.

이 사건은 제 목회에 많은 영향을 끼쳤습니다. 이 일을 계기로 더 강력하게 소망의 메시지를 증거하게 되었습니다. 그래서 천막 교회는 3년 만에 500명의 신자가 모이게 되었습니다. 가난과 절망으로 찌든 동네가 점점 소망이 가득한 곳으로 변해 갔습니다. 성도들은 소망을 품고 열심히 기도하며 일했습니다. 그 결과 돈을 모아서 땅도 사고 교회도 짓게 되었습니다.

1961년도에 저는 그곳을 떠나 서대문으로 사역지를 옮겼습니다. 서대문 네거리에서 교회를 시작했는데, 당시 많은 사람들이 저를 비웃었습니다. 그곳에는 이미 독립문교회와 아현감리교회가 있었고, 또 근처에 정동교회와 새문안교회도 있었기 때문입니다. 한국의 쟁쟁한 교회들이 모인 한가운데를 아직 어리고 경험도 부족한 스물여섯 청년이 겁 없이 멋모르고 뛰어들었다며 저마다 한마디씩 던졌습니다.

그러나 저는 그렇게 생각하지 않았습니다. 저에게는 무엇보다도 귀한 주님의 소망이 있었기 때문입니다. 1960년대에 이르러 우리나라는 눈부신 도약을 이루어 냈습니다. 박정희 대통령의 새마을 운동을 계기로 산업화가 시작되었고, 많은 사람들이 직장을 구하기 위해 서울로 올라왔습니다. 서울에 머물 곳이 없던 그들은 아현동과 현저동 산꼭대기로 모여들었습니다. 돈도 없고 배경도 없는 사람들이 모인 그곳도 역시 대부분이 판잣집이었습니다. 그런 집에서 추위를 견디려면 밤낮 가리지 않고 연탄을 계속 피워 놓아야만 합니다. 그 와중에 갑자기 세찬 바람이라도 불어오면 연탄가스가 온 집을 확 뒤덮습니다. 그러나 그들에게는 어쩔 도리가 없습니다. 그냥 그대로 아픈 머리를 부여잡고 살아야만 했습니다.

저는 그 사람들에게도 소망의 메시지가 필요하다는 것을 느꼈습니다. 그 현실을 하나님이 주신 기회로 생각했습니다. 계율을 가르치는 것이 아닙니다. 종교를 가르치는 것이 아닙니다. 기독교를 전하는 것이 아닙니다. 저는 오직 예수 그리스도 안에서 전인 구원을 받을 수 있다는 소망의 메시지를 전하고자 했습니다. 그래서 한때 많은 교파와 주의 종들의 비난을 받기도 했습니다. 그러나 저는 고삐를 늦추지 않고 계속 강력하게 소망의 메시지를 전했습니다.

많은 사람들이 소망의 메시지를 들으러 교회를 찾았습니다. 우리 교회는 그때 성도들이 통성으로 울고 부르짖으며 기도한다고 해서 여타 교단들의 비난의 대상이 되기도 했습니다. 교회는 경건하고 거룩해야 하는데 그렇게 울고불고 소리를 치는데다 또 찬송을 부르면서도 왜 시끄럽게 박수를 치냐며 곱지 않은 시선으로 못마땅해 했습니다. 솔직히 잘사는 중산층 이상의 사람들은 울 필요도 없고 박수를 칠 필요도 없습니다. 그러나 이곳 사람들은 교육도 받지 못했고, 가문도 돈도 배경도 없습니다. 모든 것이 절망 속에 있는 이들은 교회에 와서 소망의 메시지를 듣고 하나님 앞에서 그저 목 놓아 울 수밖에 없습니다. 울어야 살 수 있습니다. 울지도 못한다면 그 억눌림과 스트레스로 도저히 살 수 없었을 것입니다.

그렇기 때문에 저는 목 놓아 울 것을 강조했습니다. 아버지 집에 왔으니 두 다리 쭉 뻗고 한없이 울라고 했습니다. 그러자 억울하고 원통한 사람들이 모두 와서는 저마다 통곡하며 울었습니다. 기도를 할 때는 교회가 완전히 초상집 같았습니다. 그리고 찬송을 부를 때는 우리 아버지 앞에 왔으니 기뻐하고 즐거워하자는 마음으로 힘차게 박수를 쳤습니다. 그러면서 속에 있는 응어리가 다 풀리고 평안이 임했습니다. 영적으로 구원을 체험하고 강한 믿음을 갖게 되자 병도 낫는 기적이 일어났습니다. 이렇게 믿음을 가지고 나아가면 하나님이 반드시 도와주십니다.

저는 가장 중요한 것이 무엇인지를 알게 되었습니다. 사람들에게 하나님 안에 있는 소망과 꿈을 심어 주어야 한다는 것이었습니다. 그래서 그것들을 심어 주어야 할 곳이 있다면 어디든 달려갑니다. 지구를 115바퀴 돌고 아프리카, 미국, 유럽, 남미 대륙 등 안 가본 곳이 없습니다. 그러면서 사람은 누구나 꿈과 소망을 간절히 원한다는 것도 알게 되었습니다. 왜냐하면 인간은 꿈과 소망이신 하나님의 형상대로 창조되었기 때문입니다.

우리는 그 하나님 안에서 아름답고 소중한 꿈을 꿀 수 있는 행복한 사람들입니다. 환경을 바라보지 마십시오. 상황을 불평하지 마십시오. 하나님이 당신을 통해 이루시고자 계획하셨던 크고 놀라운 일을 바라보며 소망을 품으십시오. 그때 당신 삶에 하나님의 계획들이 펼쳐지기 시작합니다.

희망의 신학

독일의 유명한 신학자인 위르겐 몰트만 박사는 자신의 신학을 '희망의 신학'이라고 말합니다.

그가 열일곱 살 때 제2차 세계 대전이 발발했습니다. 그는 독일의 군인으로 징집되어 전쟁터에 나갔다가 포로가 되었습니다. 영국의 포로수용소에서 그는 심한 좌절 속에 모욕을 당하며 갖은 고통을 다 겪었습니다. 게다가 자신이 태어난 함부르크가 폭격으로 완전히 폐허가 되면서 가족들도 모두 죽었다는 소식을 듣고 심한 절망에 빠졌습니다. 청년 몰트만은 이제 나라도 망하고 고향은 폐허가 되었으며 피붙이는 다 죽고, 게다가 자신은 포로의 몸으로 날마다 멸

시와 수모를 당하고 있으니 삶에 무슨 의미가 있겠는가 싶어 자살까지 생각했다고 합니다.

그런 절망 가운데 있던 몰트만에게 어느 목사가 성경책 한 권을 선물로 주었습니다. 그는 성경을 읽는 중에 예수님이 십자가에 못 박혀 죽는 장면을 보았습니다. 하나님의 아들로서 이 세상에 왔는데, 세상은 그를 인정하지 않았습니다. 예수님은 많은 이들에게 선행을 베푸셨습니다. 그리고 병든 자들을 치료하셨습니다. 그러나 그렇게 은혜를 입은 자들이 일어나 오히려 예수님을 십자가에 못 박으라고 몰아쳤습니다. 또 가장 가까이에서 주님을 섬긴 제자들도 모두 도망쳐 버렸습니다. 예수님은 너무나 외롭고 처절하게 버림받고 십자가에 못 박혀 죽으신 것입니다. 몰트만은 이 장면을 보며 자신의 절망과 동질감을 느꼈습니다.

그러나 예수님은 사흘 만에 사망과 음부를 이기고 부활하셨습니다. 이것은 그에게 큰 충격을 주었습니다. 가장 어둡고 캄캄한 절망에서 부활의 승리를 가지고 일어나신 예수님을 보면서 "나에게도 부활이 있을 수 있구나. 내 가슴속에 그리스도를 모시면 이 절망에서 부활이 일어나고, 파멸된 조국과 고향도 부활할 수 있고, 잃어버린 가족도 부활의 생명을 얻어 다시 가정을 이룰 수 있겠구나." 하는 희망을 갖게 되었습니다.

위대한 신학자 몰트만 박사의 '희망의 신학'은 이러한 상황에서 이루어졌습니다. 가장 견디기 힘든 시련 가운데 그리스도만이 부활을 주실 수 있음을 깨달은 것입니다. 그는 포로수용소에서 무릎을 꿇고 예수님을 구주로 영접했습니다. 칠흑 같은 절망이 광명한 빛으로 변화되어 부활로 말미암아 어두움은 이제 더 이상 없음을 알게 되었습니다.

마음속에 꿈과 소망이 없다면 아무리 잘 먹고, 잘 입고, 잘살아도 그 마음은 죽어 갑니다. 그러나 꿈과 소망이 있으면 아무리 환경이 고통스럽고 견디기 어려워도 살아남습니다. 인간에게는 살고자 하는 욕망이 강하게 있는데, 희망은 그런 욕망을 극대화하는 능력이 있습니다.

디모데전서 1장 1절은 "우리 구주 하나님과 우리의 소망이신 그리스도 예수의 명령을 따라 그리스도 예수의 사도 된 바울은"이라고 말씀하고 있습니다. 사도 바울은 예수 그리스도를 소망으로 삼고 살았던 사람입니다. 바울의 삶은 고난과 역경의 연속이었지만 예수 그리스도를 바라보고 그를 통해 희망을 찾았기 때문에 모든 것을 이겨 낼 수 있었습니다. 사도 바울은 감옥 속에서도 환경에 굴하지 않고 감옥 밖에 있는 성도들에게 기뻐하라고 편지를 쓸 정도로 희망에 사로잡혀 살았습니다. 그랬기 때문에 로마로 호송되던 중 배가 풍랑을 만나 좌초될 위기에 처했을 때도 담대히 그들에게 하나님의 인도를 선포하고 희망을 말할 수 있었습니다.

'희망의 꿈'을 계속 유지시켜라

개인의 이기적인 욕심과 욕망의 꿈은 타인과 나눌 수가 없습니다. 그러나 그리스도 안에 있는 온전한 희망은 서로 나누면서 배가됩니다. 희망은 함께 나눌 때 믿음의 반석 위에 세워지고 그 뿌리가 깊어집니다. 함께 위로하고, 소망을 말하고, 칭찬하고 격려하면 희망의 꿈이 상승효과를 얻어 서로에게 더 큰 영향을 미치게 됩니다.

그 사람의 꿈을 보면 그가 어떤 미래를 갖게 될지 알 수 있습니다. 그만큼 꿈은 우리의 모습을 비추는 거울입니다. 제가 성도들에게 오중 복음과 삼중 축복을 계속 말하는 이유가 여기에 있습니다. 바로 십자가를 통해 꿈을 키워 주기 위해서입니다. 영혼이 잘됨같이 범사에 잘되고 강건한 꿈을 말입니다.

현실이 아무리 어려워도 마음속에 꿈이 있으면 그 꿈은 3차원을 점령하고 변화시킵니다. 꿈은 3차원의 세계를 보살피고 부화시킵니다. 아무리 자신의 생활이 혼란스럽고 공허해도 온전한 꿈으로 보살피고 양육하면 그것이 변화합니다. 죽음은 생명으로, 무질서는 질서로, 흑암은 광명으로, 가난은 부유로 변화하기 시작합니다. 항상 하나님 안에서 꿈꾸십시오. 그리고 희망을 잃지 마십시오. 그러면 당신의 삶이 놀랍게 변화할 것입니다.

| 적용 |

꿈, 이렇게 바꾸라

1_ 하나님의 크고 비밀한 일을 소망하라

하나님이 당신에게 베푸실 크고 놀라운 일을 기대하고 꿈꾸십시오. 어두운 앞날을 꿈꾸어서는 안 됩니다. 언제나 희망을 품고 주님을 좇아가십시오.

2_ 마음에 꿈꾸는 것을 구체적으로 그려라

분명한 대상을 먼저 마음속에 그리십시오. 구체적으로 종이에 써보십시오. 보다 더 구체적인 목표를 얻을 때까지, 하나님이 주시는 확신이 올 때까지 기도하십시오.

3_ 꿈의 성취 과정에서 작은 일부터 실천하라

갓난아이를 하루하루 소중히 보살펴 조금씩 자라게 하듯이 조그만 꿈을 잘 간직하면서 계속 키워 나가십시오. 지금 주어진 일에 최선을 다하면서 하나님의 인도하심을 기대하십시오.

4_ 항상 '희망의 꿈'을 간직하고 확산시켜라

당장 눈에 보이지 않는다고 실망할 필요 없습니다. 하나님의 때를 기다리며 꿈을 잃지 마십시오. 그리고 당신 안에 있는 그 희망을 다른 이에게 전하고 함께 꿈꾸십시오.

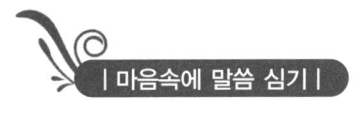

| 마음속에 말씀 심기 |

4차원의 꿈

1_ **의인의 소망은 즐거움을 이루어도** 악인의 소망은 끊어지느니라   -잠언 10:28

2_ 우리가 소망으로 구원을 얻었으매 보이는 소망이 소망이 아니니 보는 것을 누가 바라리요 **만일 우리가 보지 못하는 것을 바라면 참음으로 기다릴지니라** -로마서 8:24, 25

3_ **좋은 것으로 네 소원을 만족하게 하사** 네 청춘을 독수리같이 새롭게 하시는도다   -시편 103:5

4_ 너희 안에서 행하시는 이는 하나님이시니 **자기의 기쁘신 뜻을 위하여 너희에게 소원을 두고 행하게 하시나니** -빌립보서 2:13

chapter·4

4차원의 말, 이렇게 바꾸라

죽고 사는 것이 혀의 힘에 달렸나니
혀를 쓰기 좋아하는 자는 혀의 열매를 먹으리라
| 잠언 18장 21절 |

 말은 하나님의 창조 사역에 있어 매우 중요한 요소였습니다. 창조의 계획이 세워졌지만 하나님이 말씀하셔야만 보이는 현실로 나타났습니다. 이처럼 하나님의 말씀은 창조력이 있습니다. 따라서 하나님의 형상을 닮은 우리는 말의 창조력도 일부 가지고 있다고 볼 수 있습니다. 하나님처럼 완벽하지는 않지만 사람의 말에도 창조력이 있는 것입니다. 부정적인 말을 하면 당연히 부정적인 요소들이 자라납니다. 반면 하나님의 능력에 힘입어 긍정적이고 창조적이며 생산적인 말을 하면 말한 그대로의 환경들이 나타나게 됩니다. 말의 중요성을 온전히 깨닫고 있어야 언어가 바뀌기 시작합니다. 말은 사람에게 상처를 주기도 하고 또 상처를 치료하기도 합니

다. 그렇기 때문에 말이 얼마나 중요한지를 분명히 알아야 합니다.

말 한마디는 사람을 살릴 수도 죽일 수도 있는 능력을 가진 삶의 중요한 요소입니다. 성경은 곳곳에서 말의 중요성을 강조하고 있습니다.

"죽고 사는 것이 혀의 힘에 달렸나니 혀를 쓰기 좋아하는 자는 혀의 열매를 먹으리라(잠언 18:21)."

"혀는 곧 불이요 불의의 세계라 혀는 우리 지체 중에서 온몸을 더럽히고 삶의 수레바퀴를 불사르나니 그 사르는 것이 지옥 불에서 나느니라(야고보서 3:6)."

"혀는 능히 길들일 사람이 없나니 쉬지 아니하는 악이요 죽이는 독이 가득한 것이라(야고보서 3:8)."

칼은 한 번에 한 사람만 죽일 수 있지만 말은 칼날보다 더 강하고 핵폭탄과 같아서 순식간에 여러 사람을 죽일 수 있는 무기가 될 수도 있습니다. 또 말에 의한 상처는 생각보다 가슴에 깊이 남아 오랫동안 상대방을 병들게 만들기도 합니다. 그러므로 말을 다스리는 것은 자신뿐만 아니라 다른 사람을 위해서도 꼭 필요한 지혜입니다.

말은 부메랑처럼 다시 돌아온다

말은 부메랑처럼 자신에게 다시 돌아옵니다. 일단 입에서 나간 말은 상대방에게 영향을 미칠 뿐만 아니라 결국 되돌아와 자신에게도 똑같은 영향을 미치기 때문에 대단히 중요한 것입니다.

어느 날 레오나르도 다빈치가 아주 중요한 그림을 그리고 있었습니다. 그런데 화실을 찾아온 아이들이 이리저리 뛰어다니다가 그만 물감 통을 넘어뜨리고 말았습니다. 화가 난 다빈치는 당장 나가라고 소리를 질렀습니다. 아이들은 너무 놀란 나머지 울면서 화실을 나갔습니다. 그는 다시 붓을 들고 그림을 그리기 시작했습니다. 그런데 이상하게도 그림이 그려지지 않았습니다. 아무리 노력해도 붓 한 번을 까딱할 수가 없었습니다. 시간이 지나서야 그는 자신의 문제를 깨달았습니다. 울면서 화실을 뛰쳐나간 아이들을 다시 불러왔습니다. 그리고 그 아이들에게 자신이 지나쳤음을 정중하게 사과했습니다. 아이들의 얼굴에 다시 웃음이 피어났고, 그제야 그는 다시 그림을 그릴 수 있었습니다.

이처럼 말은 이웃에게도 자신에게도 동일한 영향을 미칩니다. 성경에서도 "미련한 자는 교만하여 입으로 매를 자청하고 지혜로운 자의 입술은 자기를 보전하느니라(잠언 14:3)."라고 했으며 "사람은 입의 열매로 말미암아 복록(福祿)에 족하며 그 손이 행하는 대로 자기가 받느니라(잠언 12:14)."라고 분명하게 지적하고 있습니다.

성령의 능력과 말씀에 사로잡혀라

　말은 능력이기 때문에 관리되고 다스림을 받아야 합니다. 가장 좋은 스승은 성령님이십니다. 성령님께 민감하게 반응하고 중요한 시점에서 무슨 말을 어떻게 해야 할지 도움을 받는다면 실수가 줄어들 것입니다. 말을 할 때는 사람을 살리는 말을 하고 축복과 칭찬의 말을 하는 것이 하나님이 기뻐하시는 언어 습관입니다.

　그리고 우리가 내뱉은 말 한마디가 복과 화를 가져다주고 더욱이 그로 인해 언젠가 하나님 앞에서 헤아림을 받게 된다면, 지혜로운 자는 당연히 말을 적게 할 것입니다. 말을 많이 하면 할수록 그만큼 실수도 많아질 수밖에 없기 때문입니다. 그렇다면 되도록 입을 다물고 있는 편이 훨씬 지혜로운 것이며, 말을 적게 하는 것이 참평안을 누리는 길일 것입니다.

　능력을 가진 말은 성령과 말씀, 그리고 기도가 함께 임해야 얻을 수 있습니다. 그리고 그것은 하나님 안에 있는 4차원적인 말입니다. 성령과 함께 하는 언어생활은 창조적이고 생산적인 능력을 3차원에 나타내 줍니다. 이제 다음에서 제시하는 4차원의 영적인 언어를 사용하십시오. 천국의 언어로 생활하는 당신의 인생에는 이미 놀라운 기적이 일어나고 있습니다.

1. 희망의 말씀을 입술 밖으로 선포하라

살다 보면 "어려워 죽겠다, 힘들어 못 살겠다, 도저히 다시 일어설 힘이 없다."라는 말을 주위에서 많이 듣습니다. 물론 우리의 현실이 참으로 어려운 것은 사실입니다. 너무 큰 좌절감으로 인해 그렇게 말할 수도 있습니다. 그런데 이를 가만히 듣고 있으면 마치 이 땅의 수많은 사람들이 스스로 '할 수 없다.'라는 병에 걸린 것처럼 보입니다. 이들은 부정적인 말로 자신을 더욱 얽어매고 있는 것입니다.

이처럼 자신감을 상실하고 '할 수 없다.'라는 병에 걸린 사람은 정신적인 죽음에 다가가고 있는 환자입니다. 그렇기 때문에 이런 사람은 아무것도 할 수 없습니다.

우리는 '대수롭지 않은 말 한마디가 뭐 그리 큰 영향력이 있겠는가.'라고 생각하기 쉽습니다. 그러나 사실은 그렇지 않습니다. 입술에서 나오는 말 한마디가 사람을 죽고 살게 하는 권세를 가지고 있습니다. 이 때문에 '할 수 없다.' 병에 걸려 무엇이든 할 수 없다고 말하는 사람은 창조적인 역사를 체험할 수 없습니다. 오늘날 하나님은 할 수 없다고 말하는 사람을 사용하시지 않습니다. 늘 할 수 없다고 말하면서 하나님을 원망하고 불평만 한다면 결국 이 극심한 역경의 상태에서 빠져나오지 못합니다. 그러면 더 이상 새로운 삶도 찾을 수 없습니다.

그러므로 '할 수 없다.'와 같은 부정적인 말은 하지 말아야 합니다. 천지와 만물을 지으신 하나님이 우리와 함께하시고, 십자가에서 죄와 질병과 저주를 다 청산하신 예수님이 계시며, 또 보혜사 성령님이 함께 계시는데 왜 할 수 없단 말입니까. 왜 이 고난과 시련에서 일어설 수 없다며 부정적인 말을 내뱉고 있습니까. 예수님은 말씀하십니다.

"할 수 있거든이 무슨 말이냐 믿는 자에게는 능히 하지 못할 일이 없느니라(마가복음 9:23)."

그렇기 때문에 매일같이 '할 수 있다.'라는 긍정적인 선언을 해야 합니다. 많은 사람들이 "조 목사님, 어쩜 그렇게 항상 활기차게 목회를 하십니까? 세계를 움직이는 비결이 무엇입니까?" 하고 묻습니다. 그럴 때마다 저는 이 창조적인 선언을 통한 하나님의 역사에 대해 말해 줍니다. 말로써 '할 수 있다.'라는 긍정적인 생각을 풀어 놓으십시오. 또한 자주 성경을 암기하고 그 약속의 말씀을 그대로 말하십시오.

그럼에도 불구하고 선포하라

제가 최자실 목사님과 교회를 세우던 때만 해도 한국은 가난하기 이를 데 없는 나라였습니다. 그래서 하루에 세끼를 다 먹는 날이 그리 많지 않았습니다. 쌀밥은커녕 고구마나 감자 같은 것으로 끼니를 때울 수만 있다면 그나마 다행이었습니다.

교인의 수는 하루가 다르게 늘어 갔으며 많은 기사와 이적이 일어났지만 경제적으로는 여전히 어려웠습니다. 어렵게 돈을 마련하여 굴레방다리 언덕배기에 조그마한 셋방 두 개를 얻어 하나는 내 방으로, 다른 하나는 최자실 당시 전도사님 식구들의 방으로 사용하고 있었습니다. 끼니 걱정은 여전했습니다. 선교부는 물론 아무도 도와주는 사람이 없었습니다. 어떤 날은 식탁에 고구마가 올라올 때도 있었습니다. 돈이 없어서 최 전도사님이 쌀 대신 사온 것이었습니다. 고구마 다섯 개로 다섯 식구가 하나씩 나누어 먹고 수돗물로 배를 채우기도 했습니다. 그런 날이면 아무도 입을 열지 않고 제각기 이불 속에서 초저녁부터 잠을 청해야 했습니다.

최 전도사님은 예외 없이 새벽까지 눈물을 흘리며 기도하다가 통금 해제와 동시에 교회로 나가 소리 높여 방언 기도로 하나님께 하소연하곤 했습니다. 고구마로 끼니를 때우는 것도 한두 번이지, 하루 세끼를 고구마만 먹다 보니 서 있을 힘이 없을 정도였습니다.

그러던 어느 날이었습니다. 제 마음속에 믿음이 불쑥 솟아오르는 것이 느껴졌습니다. 내 안에 계신 성령님의 믿음을 내 입으로 선포하고 싶다는 생각이 들었습니다. 저는 거울 앞에 섰습니다. 두 주먹을 불끈 쥐고 내 얼굴을 노려보면서 큰소리로 외쳤습니다.

"조용기, 너는 가난하지 않다!"

"조용기, 너는 부자다!"

"우리 교회의 성도는 내년에 천 명이 된다."

"조용기, 너는 과거에 폐병 환자였다. 그러나 보라, 지금은 건강하지 않은가?"

"조용기, 너의 믿음은 산을 옮길 만하다. 믿는 자에게는 능히 하지 못할 일이 없다."

그때 문밖에서 인기척이 느껴졌습니다. 문을 열고 내다보니 최 전도사님이셨습니다. 눈을 마주치지 못할 정도로 민망하고 어색했습니다. 그러나 긍정적인 말로 나 자신에게 용기를 주는 일을 계속 반복했고, 그러다 보니 하나님이 그 말에 능력과 권세를 주심으로써 희망적이고 창조적인 역사가 일어나 오늘날 세계 최대의 교회를 이루게 된 것이라고 생각합니다. 그때 만약 제가 가난한 현실과 빈약한 교회 성도 수에 좌절하고만 있었다면, '안된다, 못한다, 할 수 없다.'라는 말만 마냥 되풀이하고 있었다면, 저는 실패한 사람으로 남았을 것입니다.

요즘도 저는 잠자리에 들기 전에 "나는 할 수 있다. 나는 그리스도 안에서 복 받은 사람이다. 나는 성공자다."라고 말합니다. 또 아침에 일어나서도 "나는 하나님이 능력을 주시므로 성공할 수 있다." 라고 말합니다. 하나님이 긍정적이고 창조적인 선언에 능력을 부어 주시고 큰 역사를 이루어 주실 것을 굳게 믿으면서 말입니다.

그러므로 이제부터 말을 바꾸십시오. '도저히 안된다, 할 수 없다.' 따위의 부정적인 말은 아예 머릿속 사전에서 지워 버리십시오. 그리고 대신에 '나는 할 수 있다, 누가 뭐라 해도 다시 일어설 것이다.'라는 긍정적인 말로 바꾸십시오. 이로써 모든 얽매인 것들을 다 풀어 버리고 자신의 삶을 온통 적극적이고 생산적이며 창조적인 말들로 가득 채우십시오. 이렇게 계속 선언하고 담대히 나가면 하나님이 그 말에 능력을 부어 주셔서 우리의 삶 가운데 놀라운 일을 일으켜 주십니다. 절망적인 환경을 좋은 환경으로 변화시켜 주십니다. 우리의 삶이 변하고 이 민족이 사는 역사가 일어날 것입니다.

2. 말로써 믿음을 풀어 놓으라

말은 환경을 이기는 영적 전쟁의 중요한 도구입니다. 말로써 믿음을 풀어 놓으십시오. 계속해서 입술로 반복하여 시인하십시오. 우리의 환경에 놀라운 변화가 찾아올 것입니다.

인도의 선교사로 잘 알려진 스탠리 존스 목사는 긍정적인 믿음을 가진 인물로 유명합니다. 그는 유명한 저술가요 선교사요 복음 전도자였습니다. 존스 목사는 모든 일을 긍정적인 마음으로 받아들이며 건강하게 살았으나 89세가 가까웠을 때 갑자기 중풍으로 쓰러졌습니다. 그렇게 수개월 동안 자리에서 일어나지 못하고 말도 하지 못했습니다. 그는 간호사에게 부탁했습니다. 아침이든 밤이든 자신을 보면 "나사렛 예수 이름으로 일어나 걸으라."라고 말해 달라고 말입니다. 자신은 온몸이 마비되었기 때문에 하고 싶은 말을 마음대로 할 수가 없었습니다. 그래서 그 믿음의 말을 간호사에게 부탁했던 것입니다. 그래서 간호사들은 그를 보면 언제나 "나사렛 예수 이름으로 명하노니 일어나 걸으라."라고 선포해 주었고, 그러면 목사는 "아멘!" 하고 대답했습니다.

주변 사람들은 어리석다며 웃어 댔습니다. 그러나 존스 목사는 입으로 하는 말의 힘이 얼마나 큰지를 알고 있었습니다. 인도의 히말라야 산지로 잠시 휴양을 떠났을 때도 계속해서 간호사들과 함께 힘을 합쳐 "나사렛 예수 이름으로 명하노니 일어나 걸으라."라고 되풀이하여 말했습니다. 그렇게 계속 시간이 흐른 어느 날, 존스 목사는 마침내 89세의 노인의 몸으로 중풍을 완전히 이겨 냈습니다. 그것은 입술의 고백의 힘이었습니다. 말로써 믿음을 풀어 놓았기에 가능한 일이었습니다. 결국 병든 3차원의 현실을 4차원의 요소인 말로 바꾸어 놓았습니다.

이처럼 하나님이 응답하시리라는 꿈과 믿음을 가지고 입술로 고백하고, 그 믿음을 사람들과 나누면 그 고백하는 말씀은 어둠을 밝히는 빛이요, 죽은 자를 살리는 생명이며, 무에서 유를 창조하는 기적을 만들어 줍니다. 그러니 꿈을 가지고 믿음으로 기도하며 입술로 시인한다는 것이 얼마나 중요한 일이겠습니까. 입술로 시인하는 것은 우리의 믿음을 풀어 놓는 것입니다. 우리의 삶에 위대한 창조적 변화를 가져오게 하는 능력인 것입니다.

입술로 믿음을 고백하라

우리는 우리가 구원 받았다는 사실을 입술로 시인해야 합니다. 로마서 10장 9절에서 10절을 보면 "네가 만일 네 입으로 예수를 주로 시인하며 또 하나님께서 그를 죽은 자 가운데서 살리신 것을 네 마음에 믿으면 구원을 받으리라 사람이 마음으로 믿어 의에 이르고 입으로 시인하여 구원에 이르느니라."라고 말씀하고 있습니다. 아무리 마음속으로 예수님을 믿는다 해도 입술로 시인하지 않으면 구원에 이르지 못합니다. '나는 예수님을 구주로 믿습니다.'라고 입으로 말씀이 나가야 합니다. 말씀이 곧 창조적인 역사를 베풀어 주기 때문입니다.

마태복음 10장 32절에서 33절도 "누구든지 사람 앞에서 나를 시인하면 나도 하늘에 계신 내 아버지 앞에서 그를 시인할 것이요 누구든지 사람 앞에서 나를 부인하면 나도 하늘에 계신 내 아버지 앞에서 그를 부인하리라."라고 말씀하십니다. 시인하고 부인하는 것은 입술의 말입니다. 죽고 사는 권세가 혀에 있다는 것을 알아야 합니다.

우리 교회 정유선 성도의 간증을 들어 보십시오. 몇 해 전에 갑자기 쓰러진 정 성도는 감기인 줄만 알았던 것이 어째 쉽게 낫지를 않더랍니다. 그렇게 시름시름 앓다가 갑자기 심장이 요동치듯이 뛰고 어지러워지면서 혼수상태에 빠졌습니다. 9일 만에 의식을 회복했는데, 진단 결과 임파선 암 말기로 판정되었습니다. 정 성도는 그동안 하나님 앞에 지은 죄를 눈물로 회개하며 "저를 살려 주신다면 주님만을 위해 살겠습니다."라고 간구했습니다.

항암 치료를 받았는데도 불구하고 병세가 악화되자 급기야 의사들은 가족을 불러 마음의 준비를 하라고 통보했습니다. 그러나 그녀는 끝까지 포기하지 않았습니다. 포기하지 않고 기다리는 굳센 믿음의 신앙을 가지고 있었기 때문입니다. 병실에서도 설교 테이프를 틀어 놓고 계속 들으며 회개하고 기도했습니다.

한번은 듣고 있던 설교 중에 큰소리로 "사망아 너의 승리가 어디 있느냐 사망아 네가 쏘는 것이 어디 있느냐."라고 선포한 부분이 있었는데, 그 말씀이 마음속에 확 들어오더라는 것입니다. 그래서 그 말씀을 받아들인 후 "맞습니다. 내 속에 들어 있는 사망아! 너의 승리가 어디 있느냐? 사망아! 네가 쏘는 것이 어디에 있느냐? 나는 예수 이름으로 나았다. 예수님의 보혈로 승리했다. 사망아 물러가라!"라고 선포하면서 담대하게 사망과 싸우기 시작했습니다. 간호사가 주삿바늘을 꽂을 때마다 "예수님이 채찍에 맞음으로 나는 나았다!"라고 입술로 고백했습니다.

그리고 얼마 후 우리 교회의 축복 성회 때 저에게 안수 기도를 받았습니다. 그때 그녀는 성령의 뜨거운 역사하심으로 온몸이 치료되는 것을 느끼고 감격해서 병원으로 돌아갔습니다. 다시 진료를 받고 검진을 하자 임파선 암은 온데간데없이 사라졌다고 합니다. 의사들도 놀라며 기적이라고 했습니다. 믿음이 없던 남편과 시댁 전체가 회개하고 예수님을 믿게 되는 놀라운 기적이 일어났습니다.

입술의 고백은 이처럼 놀라운 힘이 있습니다. 신앙인이 믿지 않는 사람과 다른 것은 사망과 싸울 수 있다는 점입니다. 믿지 않는 사람은 싸울 수 있는 무기가 없습니다. 그러나 믿는 우리에게는 있습니다. 하나님의 말씀이 바로 그 무기입니다. 말씀이 성령의 검이 되는 것입니다. 하나님의 뜻, 하나님의 말씀을 마음에 받아들여 믿음으로 입술로 고백하고 싸우면 승리하게 되어 있습니다.

믿음으로 명령하라

기도 제목을 놓고서 오랫동안 기도하는 가운데 응답의 확신이 마음에 들어오고 이미 받았다고 생각될 때 없는 것을 있는 것처럼 말해야 합니다.

"하나님 아버지여! 이미 고쳐 주셨으니 감사합니다. 다 낫게 하여 주시옵소서. 이미 치료해 주심을 감사합니다. 이미 우리 가족들이 구원을 받았으니 빨리 구원하여 주시옵소서."

그리고 그다음으로 해야 할 일이 있습니다. 그렇게 믿음이 마음속에 들어오고, 없는 것을 있는 것같이 말할 수 있게 되면 이제 산을 향해 명령해야 합니다.

"태산아 물러가라!"

"병은 물러가라!"

"불신앙은 물러가라!"

"저주는 물러가라!"

"가난은 물러가라!"

최종적으로 역사가 일어나는 시점은 명령을 할 때입니다. 하나님이 "빛이 있으라!" 하고 명령하시니 빛이 생겨났습니다. "궁창아, 생겨나라!" 명령하시니 궁창이 생겼습니다. "땅 위에 있는 물은 한 곳으로 모여 뭍이 드러나게 하라!" 명령하시니 육지가 생겨났습니다. "땅에서 푸른 풀과 온갖 식물과 과일나무가 자라나거라!" 명령하시니 그대로 되었습니다.

예수님은 언제나 명령하심으로 최후의 역사를 이루셨습니다. "네 죄 사함을 받았느니라", "네 침상을 걸머지고 돌아가라", "귀신아 나가라", "나사로야 나오라" 등등 언제나 명령을 통해 창조의 역사가 이루어졌습니다. 애걸복걸한다고 창조의 역사가 일어나는 것이 아닙니다. 그러므로 없는 것을 있는 것같이 확신하고 생각하고 믿었다면 자기 앞에 놓인 문제의 태산을 향해 명령하십시오.

"병은 물러갈지어다!"
"우리 식구들이 하루속히 교회에 나올지어다!"
"직장을 얻을지어다!"
"축복을 받을지어다!"
"영광이 다가올지어다!"

우리가 믿은 순간과 그것이 나타난 순간은 시간적으로 차이가 있을 수 있습니다. 그러나 그것과 관계없이 이미 시간과 공간을 초월해서 마음에 믿고, 믿은 것을 시인하고, 명령하는 사람은 그 바람을 반드시 이루게 됩니다.

우리는 지금 그냥 주어진 삶을 살고 있는 것이 아닙니다. 보이지는 않지만 매우 강도 높은 영적 전쟁을 날마다 시시각각 치르고 있습니다.

"근신하라 깨어라 너희 대적 마귀가 우는 사자같이 두루 다니며 삼킬 자를 찾나니 너희는 믿음을 굳건하게 하여 그를 대적하라 이는 세상에 있는 너희 형제들도 동일한 고난을 당하는 줄을 앎이라(베드로전서 5:8, 9)."

성경 말씀대로 마귀는 갖가지 수단과 방법을 모두 동원하여 그들이 삼킬 먹이를 찾고 있습니다. 그러나 우리는 결코 그들의 먹이가 될 수 없습니다. 왜냐하면 우리를 핏값으로 대신하여 사신 예수 그리스도가 계시기 때문입니다. 더 이상 물러설 이유가 없습니다. 이제 주님의 말씀을 가지고 우리의 입으로 직접 선포하며 영적 전쟁에서 승리합시다.

3. 창조적이고 성공적인 말을 하라

말은 사람을 죽이기도 하고 살리기도 합니다. 한마디의 말을 하더라도 상대방에게 감동과 기쁨을 주고, 성공을 불러오는 창조적인 말을 하도록 힘써야 합니다. 사람의 말은 그대로 이루어지는 능력이 있기 때문입니다.

미국의 존스 홉킨스 대학 병원에는 '신의 손'이라는 별명을 가진 벤 카슨 박사가 있습니다. 소아과 신경외과의 카슨 박사는 별명답게 오늘날 의학계에서 최고의 실력가로 인정받는 인물입니다. 그가 이렇게 세계적으로 인정받게 된 이유는 몇 차례의 특별한 수술 때문이었습니다. 대부분의 의사들이 포기했을 정도로 상태가 심각했던 네 살짜리 악성 뇌암 환자와 만성 뇌염으로 하루에 120번씩 발작을 일으키던 아이를 수술하여 완치시킨 것이었습니다. 그리고

1987년에는 머리와 몸통이 붙은 채로 태어난 샴쌍둥이를 분리하는 데 성공했습니다. 이것은 세계 최초의 샴쌍둥이 분리 수술로서 의학계뿐만 아니라 전 세계적으로도 대단한 화제였습니다. 이 수술 후 카슨 박사는 '신의 손'이라는 별명을 얻게 되었습니다.

그러나 정작 카슨 박사의 성장기는 그렇게 밝지 못했습니다. 그의 어린 시절을 아는 사람이라면 그가 이렇게 훌륭한 의사가 되리라고는 상상조차 할 수 없었을 것입니다. 그는 디트로이트의 빈민가에서 태어나 여덟 살 때 부모님의 이혼을 경험했으며, 유년기에는 불량소년들과 어울려 싸움을 일삼는 흑인 문제아에 불과했습니다. 학교에서는 피부가 검다는 이유로 백인 친구들 사이에서 따돌림을 당했고, 초등학교 때는 바보 소리를 들을 정도로 꼴찌를 도맡아 했습니다. 실제로 초등학교 5학년 때까지 구구단을 암기하지 못했고, 수학 시험을 한 문제도 맞추지 못하여 급우들의 놀림감이 되기도 했습니다.

이런 그가 어떻게 세계적인 의사가 될 수 있었을까요? 한번은 그를 취재하러 온 기자가 물었습니다.

"무엇이 오늘의 당신을 있게 했습니까?"

카슨 박사는 이렇게 대답했습니다.

"나의 어머니 소냐 카슨이 있었기 때문에 지금의 제가 가능했습니다. 어머니는 제가 늘 꼴찌를 하고, 흑인이라 따돌림을 당할 때 '벤, 너는 마음만 먹으면 무엇이든 할 수 있단다. 노력만 하면 무엇이든 될 수 있단다!'라는 말을 끊임없이 들려주시며 희망과 용기를 심어 주셨습니다."

 카슨 박사는 이러한 어머니의 지속적인 격려의 말에 힘을 얻어 중학교에 들어가면서부터 공부에 집중하기 시작했습니다. 성적이 오르기 시작했고 우등생 반열에 들게 되었습니다. 이어 사우스 웨스턴 고등학교를 3등으로 졸업했고 명문인 미시간 대학의 의대에 입학하게 되었습니다.

 빈민가의 불량소년, 늘 바보 소리를 듣던 만년 꼴찌, 날마다 친구들에게 따돌림당하던 흑인 소년을 세계 최고의 외과의사로 만든 사람은 누구입니까? 바로 그의 어머니 소냐 카슨이었고, 어머니가 끊임없이 들려준 '너는 할 수 있다!'라는 격려의 말이 그를 변화시켰습니다.

 이처럼 입술에서 나오는 말은 우리의 인생을 변화시킵니다. 실패한 것처럼 보이는 환경을 이길 능력이 바로 입술에서 나오는 말에 담겨 있기 때문입니다.

4. 천국 언어로 통역해서 말하라

 사랑과 축복이 담긴 말은 사람을 변화시키고 환경을 복되게 합니다. 천국 언어인 사랑과 축복의 말을 하면 성령이 그 혀를 통해 기적을 베풀어 주십니다.

요즘 젊은이들의 언어생활을 보면 마치 다른 나라 말을 쓰는 것 같습니다. 선생님을 '샘'이라고 부릅니다. 정말 좋다, 최고라는 의미는 '짱'이라 하여 얼굴이 예쁘면 '얼짱', 몸매가 좋으면 '몸짱'이라고 합니다. 또 반갑다는 말은 '방가'라고 하는 등 처음 듣는 사람은 그 말이 대체 무슨 의미인지 알 수가 없습니다. '썰렁하다'는 말은 재미없다는 뜻이고, '얄딱꾸리하다'는 말은 이상하다는 뜻이며, '열 받는다, 뚜껑 열린다'는 표현은 화가 난다는 말입니다. '초딩, 중딩, 고딩'은 초등학교, 중학교, 고등학교를 가리킵니다. 저는 젊은 층이 사용하는 이런 단어를 알아들을 수가 없습니다. 그들만의 의사소통 용어로 컴퓨터나 휴대 전화에서 주고받는 문자의 내용을 보면 더욱 기가 막힙니다. 글자는 하나도 없고 기호나 그림 같은 것을 넣어 보내는데, 제가 보면 무슨 뜻인지 도무지 모르겠습니다. 그래도 젊은 사람들끼리는 서로 잘 통하나 봅니다. 그들끼리 소통되는 그들만의 언어이기 때문입니다.

천국 시민의 언어

이와 마찬가지로 천국의 시민들끼리도 통하는 언어가 있습니다. 천국 시민이라면 말을 통해 자신의 정체성을 분명하게 나타내야 합니다. 우리의 달라진 말이 우리가 새로운 신분이 되었다는 것을 증명해 줍니다.

하늘나라 말은 세상 사람들이 이해하지 못합니다. 그러나 예수님을 믿는 우리끼리는 다 알아들을 수 있습니다. 세상 사람들의 눈으로 볼 때는 절망적인 상황이지만 천국 시민은 절망이라고 표현하지 않습니다. 고난의 시기를 '축복의 통로'라고 표현합니다. 또 세상이 싫어하고 비난하는 사람도 귀한 하나의 영혼으로 보고 칭찬하고 격려합니다.

이것이 천국 시민의 남다른 언어입니다. 우리는 천국의 언어를 말함으로써 천국 방식의 삶을 살게 됩니다. 이렇게 천국 시민의 언어를 사용하게 되면 결과적으로 우리의 영혼이 살아납니다. 사람의 혀가 온몸을 다스리기에 자신이 무슨 말을 하는가에 따라 심신의 건강과 생활이 달라지는 것입니다.

사랑과 축복이 담긴 말은 사람을 변화시키고 환경을 복되게 합니다. 그러므로 어떠한 형편에 처하든 불평이나 저주의 말을 해서는 안 됩니다. 그럴 때일수록 천국 언어인 사랑과 축복의 말을 하면 성령이 그 혀를 통해 기적을 베풀어 주십니다.

우리의 말이 입술 밖으로 나가서 우리의 인생을 창조합니다. 이는 마치 누에가 입에서 나오는 실로 자기가 들어갈 고치를 만드는 것과 같습니다. 입술의 고백이 우리가 살아갈 환경을 만들어 가는 것입니다. 그러므로 무슨 말을 해야 할지를 항상 신중하게 생각하고 조심해야 합니다. 내가 내뱉는 말이 곧 나의 환경을 만든다는 것을 마음에 새겨야 합니다. 비록 내가 아닌 상대방에게 하는 말일지라도 그 말이 내뱉어지는 순간 자기 자신도 그 말을 듣게 됩니다. 즉 자신의 3차원의 세계에 명령을 하게 되는 것입니다. 그러므로 설령 자신이 내뱉는 말이 상대방을 향한 말일지라도 한 번 더 생각하고 조심해야 합니다. 상대방을 칭찬하고 격려하면 자신도 칭찬과 격려를 받게 됩니다. 반대로 상대방을 비난하고 저주하면 자신의 삶 역시 비난과 저주를 받게 됩니다.

우리의 입술로 내보내는 말이 상대방뿐 아니라 자신의 삶에까지 큰 영향을 미친다고 생각하면 아마도 함부로 비난이나 저주의 말을 내뱉는 사람은 없을 것입니다. 항상 이 사실을 염두에 두고 사랑과 축복이 담긴 말을 한다면 나와 내 이웃의 환경이 사랑과 축복으로 가득해질 것입니다. 이것이 천국 시민의 언어가 가진 힘인 동시에 특권입니다. 당신은 천국 시민의 언어를 사용하고 있습니까? 평소에 쓰는 말이 당신이 어디에 속한 사람인지 보여 준다는 사실을 명심하십시오.

감사와 신앙 고백의 말

우리가 늘 원망과 불평과 탄식이 섞인 인생을 산다면 그 인생은 스스로 파멸하고 말 것입니다.

"있는 자는 받을 것이요 없는 자는 그 있는 것까지도 빼앗기리라
(마가복음 4:25)."

우리가 입으로 없다고 시인하면 하나님은 있는 것조차도 빼앗아 버리신다는 말씀입니다. 그러나 있는 것을 생각하며 하나님께 감사하고 찬양하면 하나님이 더욱 좋은 것으로 채워 주십니다.

시편 22편 3절은 "이스라엘의 찬송 중에 계시는 주여 주는 거룩하시니이다."라고 노래하고 있습니다. 하나님이 임하시면 하나님 앞에서 모든 환난이 사라지고 승리가 다가옵니다. 그래서 성경에 "범사에 감사하라."라고 말씀하시는 것입니다.

우리가 입으로 말하는 것들은 실제로 현실에 나타나게 되는 능력이 있기에 매우 중요합니다. 그러니 확신을 가지고 과감한 꿈을 입술로 고백하십시오. 우리는 십자가를 바라보며 복음과 복 받은 삶에 대한 꿈을 담대하게 받아들여야 합니다. 그리고 긍정적이고 확실한 신앙 고백을 해야 합니다.

"나는 예수 믿고 용서와 의를 받았습니다."

"그리스도로 말미암아 마귀가 내 속에서 쫓겨 나가고 천국과 성령이 내 속에 들어와 계십니다."

"하나님의 은총으로 마음의 병도, 육체의 질병도 고침을 받았습니다."

이렇게 구원의 복음과 삶에 대한 축복을 통해 푸른 초장과 쉴 만

한 물가에서 생명을 얻되 넘치게 얻어 살아갈 수 있다는 것은 믿음을 현실로 바꿀 때 가능한 일입니다.

믿음은 존재하는 실재이지만 말로 선포하고 행동할 때 비로소 이루어집니다. 고난이 닥쳐와도 예수님이 그 고난을 다 짊어지셨기에 나의 영혼과 범사가 잘되리라는 십자가 보혈의 약속을 말하고 선포하면 고난을 이기는 힘을 얻을 수 있습니다. 우리가 이 세상을 살면서 시험과 환난과 고난을 당하는 것은 하나님이 우리에게 복을 주시기 위한 그릇으로 그것들을 준비하셨기 때문입니다. 지금 겪고 있는 고난도 마침내 우리가 받을 상급인 것입니다.

말은 하나님의 4차원의 요소 중에서 현실에 가장 가까운 것입니다. 말은 다른 어떤 것보다도 현실 감각을 즉각 반영하고 있기 때문입니다. 말을 통해 그 사람의 생각과 믿음, 그리고 꿈을 알 수 있습니다. 그래서 말이 4차원의 영적 요소 중에서 가장 마지막을 마무리하게 된 것입니다.

"네 입의 말로 네가 얽혔으며 네 입의 말로 인하여 잡히게 되었느니라(잠언 6:2)."

말은 하나님의 심판의 대상이 됩니다. 그래서 말 한마디 한마디가 전부 중요한 것입니다. 예수님은 친히 "내가 너희에게 이르노니 사람이 무슨 무익한 말을 하든지 심판 날에 이에 대하여 심문을 받으리니 네 말로 의롭다 함을 받고 네 말로 정죄함을 받으리라(마태복음 12:36, 37)."라고 말씀하셨습니다.

하나님은 말로 사람을 평가하시고, 심판 날에 의롭다 함과 정죄함을 구분하는 열쇠로 삼으십니다. 하나님은 우리가 하는 모든 말을 아시고 기억하시며 심지어 소리 없는 독백과 생각의 언어도 알고 계십니다. 그러므로 자신의 입술이 복된 입술이 되도록 하나님의 권세가 담긴 성경 말씀을 말의 기초로 삼아야 합니다. 믿음 가운데 창조적인 언어를 사용할 때 당신의 삶은 놀랍게 변화할 것입니다.

| 적용 |

말, 이렇게 바꾸라

1_ 희망의 말씀을 입술 밖으로 선포하라
말로써 '할 수 있다!'라는 긍정적인 생각을 풀어 놓으십시오. 또한 자주 성경을 암기하고 그 약속의 말씀을 그대로 선포하십시오.

2_ 말로써 믿음을 풀어 놓으라
말은 환경을 이기는 영적 전쟁의 중요한 도구입니다. 말을 통해 믿음을 풀어 놓으십시오. 계속해서 입술로 반복하여 시인하십시오. 말이 가진 놀라운 능력이 당신의 삶에 나타나게 될 것입니다.

3_ 창조적이고 성공적인 말을 하라
말은 사람을 죽이기도 하고 살리기도 합니다. 상대방에게 감동과 기쁨, 성공을 불러오는 창조적인 말을 하십시오. 당신의 말 한마디로 누군가의 인생이 달라질 수도 있다는 것을 기억하기 바랍니다.

4_ 천국 언어로 통역해서 말하라
천국 언어인 축복과 사랑의 말을 하면 성령이 그 혀를 통해 기적을 베풀어 주십니다. 세상과 다른 당신의 말은 당신이 천국 시민이라는 것을 증명해 줍니다. 똑같은 상황이라도 천국 언어로 다르게 표현할 때 당신이 하나님의 자녀라는 것을 모두가 알게 될 것입니다.

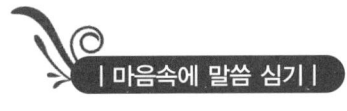

4차원의 말

1_ 의인의 입은 지혜를 내어도 패역한 혀는 베임을 당할 것이니라 <u>의인의 입술은 기쁘게 할 것을 알거늘 악인의 입은 패역을 말하느니라</u>
－잠언 10:31, 32

2_ 사람이 마음으로 믿어 의에 이르고 <u>입으로 시인하여 구원에 이르느니라</u>
－로마서 10:10

3_ 선한 사람은 마음에 쌓은 선에서 선을 내고 악한 자는 그 쌓은 악에서 악을 내나니 <u>이는 마음에 가득한 것을 입으로 말함이니라</u>
－누가복음 6:45

4_ 무릇 더러운 말은 너희 입 밖에도 내지 말고 <u>오직 덕을 세우는 데 소용되는 대로 선한 말을 하여 듣는 자들에게 은혜를 끼치게 하라</u>
－에베소서 4:29

자기 자신을 온전히 비우고 우리 안에 와 계신 예수님이 주인이 될 때
우리의 생각, 믿음, 꿈, 말이 온전히 하나님의 것으로 변화할 수 있습니다.
이것은 4차원의 영성을 소유하는 비결인 동시에 예수님을 닮은 삶을 사는 비결이기도 합니다.

Part 4

4차원 영성의 훈련

4th Dimensional Spirituality

4th Dimensional
Spirituality

오직 너희를 부르신 거룩한 이처럼

너희도 모든 행실에 거룩한 자가 되라

기록되었으되 내가 거룩하니

너희도 거룩할지어다 하셨느니라

| 베드로전서 1장 15, 16절 |

chapter · 1

훈련의 삶

하나님께서 지으신 모든 것이 선하매 감사함으로 받으면 버릴 것이 없나니
하나님의 말씀과 기도로 거룩하여짐이라
| 디모데전서 4장 4, 5절 |

운동선수에게 가장 훌륭한 코치를 붙여 지도를 받게 하고 최고의 장비들을 마련해 주었다고 합시다. 그러나 정작 본인 스스로 열심히 연습하지 않으면 그는 최고의 선수가 될 수 없습니다. 4차원의 영성도 마찬가지입니다. 만물을 창조하신 하나님이 우리 인생의 총괄 감독을 맡아 주시고, 4차원의 영성이라는 최고의 영적 무기를 손에 쥐어 주셨다 하더라도 우리 스스로 훈련하지 않으면 결코 내 것으로 만들 수 없습니다.

사단은 여러 방법으로 우리 인생을 공격해 옵니다. 특히 우리가 하나님과 가까워지는 것을 막기 위해 교묘하게 고난을 줄 때도 있으며, 하나님께 집중하지 못하도록 갖가지 상황들을 만들어 내기도

합니다. 그럴 때 우리가 4차원의 영성으로 무장되어 있지 않으면 실패와 좌절과 낙심의 생각을 품고 3차원적인 인생을 살아가게 되는 것입니다.

최고의 코치와 장비가 최고의 선수를 배출하는 것이 아닙니다. 꾸준하고 성실한 훈련만이 훌륭한 선수를 만들어 냅니다. 2010년 밴쿠버 동계 올림픽에서 금메달과 세계 신기록을 동시에 거머쥔 김연아 선수는 평소에 매일 열두 시간 이상씩 훈련을 한다고 합니다. 많은 사람들이 그녀의 교과서적인 점프는 타고난 천재성과 재능이라고 말합니다. 그러나 그녀를 지도하고 있는 브라이언 오서는 그녀가 연습하는 것을 본다면 그런 말은 못할 것이라고 합니다. 한 번의 점프를 성공하기 위해 천 번 이상 넘어지는 뼈를 깎는 고통을 감수하면서 목표를 반드시 이루어 내는 인내와 훈련이 지금의 그녀를 낳았다는 것입니다. 전 세계의 이목을 집중시키며 피겨 스케이팅의 꿈을 키우는 후배들에게 무한한 가능성과 희망을 안겨 주고 있는 '피겨 여왕' 김연아는 하루아침에 그냥 등장한 것이 아닙니다.

영적 전쟁에서 승리하는 법

크리스천인 우리의 주 종목은 무엇입니까? '영적 전쟁'에서 승리하는 것입니다. 우리의 주된 무대는 어디입니까? 4차원의 영적 세계가 되어야 합니다. 3차원의 세계는 원수 마귀가 공중 권세를 잡고 있습니다. 전쟁을 할 때 적군에게 유리한 지역에 들어가 싸움을 거는 것은 어리석은 행동입니다. 지리적 조건이나 행동반경이 자신에게 유리한 지역에서 적과 싸우는 것이 승리하는 지름길입니다. 그럼에도 불구하고 많은 성도들이 마귀의 주된 무대인 3차원의 세계에서 영적 전쟁을 하려 듭니다. 이제 4차원의 영적 세계에 거하며 그곳에서 승리하는 영적 전쟁을 치러야 합니다.

몇 해 전 필리핀에서 성회를 가졌을 때 대통령의 초청을 받아 면담을 하게 되었습니다. 대통령은 나라의 앞날을 걱정하며 이런 말을 했습니다.

"조 목사님, 큰일 났습니다. 서구 문명이 필리핀으로 거침없이 밀려들어와 젊은 세대의 도덕적인 부패가 아주 심각합니다. 정부가 아무리 막으려 노력해도 헛수고입니다."

"그럼, 현재 어떤 대책을 강구하고 계십니까?"

"임시방편으로 스포츠를 장려하여 젊은이들의 정신을 건전한 방향으로 유도하려고 애쓰고 있습니다."

그 말에 저는 이렇게 대답했습니다.

"스포츠는 육체를 단련시킬 수는 있을지라도 마음까지 완전히 변화시키지는 못합니다. 사람의 마음을 변화시키는 것은 죽었다가 부활하신 예수 그리스도의 보혈의 능력과 성령의 권세밖에 없습니다. 필리핀 청년들과 국민 전체의 올바른 도덕 무장을 위해서는 예수님을 믿게 하고 성령을 받게 하는 것만이 유일한 방법입니다. 그러니 대통령께서 이 나라에 신앙 운동을 일으키십시오."

3차원의 세계에서는 아무리 좋은 행동이라 해도 마귀를 대적하여 승리할 수 없습니다. 명상이나 건전한 스포츠, 양서 읽기 등은 올바른 대처 방법이 아닙니다. 영적인 싸움에서 육체적인 단련이 무슨 소용이 있겠습니까. 영적인 전쟁에는 영적으로 대처해야 합니다. 이를 위해서는 꾸준하고 지속적인 기도 훈련과 말씀 훈련이 필요합니다.

기도로 무장한 삶

먼저 기도 훈련에 힘써야 합니다. 기도 없이는 성령의 역사하심도 없습니다. 성령의 역사하심이 없으면 우리 힘으로는 바른 영성을 가질 수 없습니다. 스스로 아무리 긍정적인 생각을 하려 해도 감정이라는 것은 언제 어떻게 변할지 모르기 때문에 우리의 생각, 믿음, 꿈, 말을 온전히 하나님께 속한 것으로 지켜 내기란 쉽지 않습니다.

이것을 도와주는 것이 기도입니다. 기도는 영적 성장을 위한 지름길입니다. 저도 날마다 기도에 전념하기 위해 힘쓰고 있으며, 이제 기도는 저에게 있어 삶 그 자체입니다. 또한 저 스스로가 기도의 중요성을 절실히 깨닫고 있기에 항상 '평신도는 하루 한 시간, 교역자는 세 시간!'이라고 외치며 기도 훈련을 강조하고 있습니다.

끈질기게 기도하라

기도를 할 때 분명히 해야 할 것은 성령님이 주신 확실한 목표를 가지고 있어야 한다는 점입니다. 그 목표를 붙들고 이룰 때까지 끈질기게 기도해야 합니다. "믿음은 바라는 것들의 실상이요(히브리서 11:1)"라고 성경은 말씀하고 있습니다. 그러므로 바라는 목표가 분명할 때 믿음의 역사가 생겨나고, 분명한 목표가 있을 때 그것을 이룰 수 있다는 꿈이 마음을 점령하게 되는 것입니다.

사람들은 기도를 할 때 한두 시간씩이나 무슨 할 말이 있느냐며 못하겠다고 합니다. 웅변이나 연설도 아닌데 어떻게 그렇게 길게 할 수 있느냐면서 말입니다. 기도를 할 때는 시간을 채우기 위해 두서없이 어물어물하지 말고, 구할 바를 집중적으로 간구하는 것이 중요합니다. 응답을 받으러 나왔으면 목표를 정하고 난 다음에 집중적으로 기도해야 하는 것입니다.

누가복음 18장에서 한 과부가 재판장에게 청한 기도를 통해 끈질긴 기도의 유익을 알 수 있습니다. 그 여인은 원수에 대한 원한을 갚아 달라는 분명한 목적을 가지고 끊임없이 집중적으로 재판장에게 간구했습니다. 재판장은 듣지도 않았지만 계속 그 앞에 나가 간청했습니다. 그녀는 확실한 목표를 가지고 열정적으로 매달렸습니다. 재판장이 괴로워할 정도로 찾아가서 부르짖었습니다. 결국 재판장은 들어줄 수밖에 없었다고 고백합니다.

"이 과부가 나를 번거롭게 하니 내가 그 원한을 풀어 주리라 그렇지 않으면 늘 와서 나를 괴롭게 하리라(누가복음 18:5)."

산만한 목표는 방향을 잃게 할 따름입니다. 이 미망인처럼 우리도 목표를 분명히 하고 끈질기게 매달려서 구해야 합니다. 비록 환경은 우리를 포기하게 하고 낙심하게 만들지라도 성령님이 주신 목표라면 보이지 않는 것을 믿음으로 바라보며 끈기 있게 달려 나가야 합니다.

다니엘 역시 끈질긴 기도의 사람이었습니다. 다니엘은 21일 동안 절식하면서 친구들과 함께 힛데겔 강가에 나가 기도를 드렸습니다. 일주일을 기도해도 응답이 없었습니다. 같이 기도하던 사람들이 낙심하여 물러났습니다. 2주일째 기도해도 아무런 변화가 없었습니다. 더 많은 사람들이 낙심하고 친구들마저도 돌아갔습니다. 3주일째 들어서며 20일이 될 때까지도 응답이 없었습니다.

지금 자신이 3주일간 강가에 엎드려 절식하면서 기도한다고 생각해 보십시오. 그런데 그동안 아무런 응답도 없다면 아마도 포기하고 뒤로 물러설 것입니다. 그러나 다니엘은 끝까지 기도했습니다.

마침내 21일째에 광명한 천사가 응답을 가지고 나타났습니다. 21일 만에 응답이 온 것은 마귀가 그동안 천사를 막고 있었기 때문이었습니다.

그런데도 다니엘이 결코 낙심하지 않고 계속 기도했기에 하나님의 군장 미가엘의 도움으로 천사가 응답을 가지고 내려올 수 있었다고 했습니다.

천사가 다니엘에게 말합니다.

"네 하나님 앞에 스스로 겸비하게 하기로 결심하던 첫날부터 네 말이 응답 받았으므로(다니엘 10:12)"

첫날 기도할 때 하나님은 이미 다니엘의 기도를 들으셨습니다.

"그런데 바사 왕국의 군주가 이십일 일 동안 나를 막았으므로 내가 거기 바사 왕국의 왕들과 함께 머물러 있더니 가장 높은 군주 중 하나인 미가엘이 와서 나를 도와주므로(다니엘 10:13)"

기도는 첫날에 벌써 하나님께 상달되었는데 응답으로 내려올 때까지는 21일이 걸렸습니다. 20일 동안 공중의 권세를 잡은 원수 마귀가 기도 응답을 막았던 것입니다. 이렇게 기도는 하나님만 상대하는 것이 아니라 마귀와의 영적 싸움이기도 합니다. 마귀가 우리 기도의 응답을 여러 방법으로 막고 방해하기 때문입니다. 그러므로 하나님이 우리의 기도를 들어주시도록 간절히 기도할 뿐만 아니라 마귀가 그 응답을 막지 못하도록 더욱 인내를 가지고 끊임없이 끈질기게 기도해야 합니다.

방언으로 기도하라

방언 기도는 성령 세례의 증거로 바울이 말한 성령의 아홉 가지 은사 중 하나입니다. 예수님의 부활 사건 이후 50일 만에 예수님의 제자들은 마가 요한의 다락방에 모여 간절히 기도합니다. 그때 그곳에 성령님이 임하셨습니다. "홀연히 하늘로부터 급하고 강한 바람 같은 소리가 있어 그들이 앉은 온 집에 가득하며 마치 불의 혀처럼 갈라지는 것들이 그들에게 보여 각 사람 위에 하나씩 임하여 있더니 그들이 다 성령의 충만함을 받고 성령이 말하게 하심을 따라 다른 언어들로 말하기를 시작하니라(사도행전 2:2~4)."

그 후에 베드로가 이탈리아의 백부장 고넬료의 집에 가서 말씀을 전할 때 듣는 자들 위에 성령이 임하셨으며 그들이 방언도 하고 예언도 했다고 성경은 기록하고 있습니다. 그 일이 있은 지 상당한 기간이 지난 후 바울이 에베소에 갔을 때도 방언에 대한 기록이 있습니다.

"바울이 그들에게 안수하매 성령이 그들에게 임하시므로 방언도 하고 예언도 하니(사도행전 19:6)."

이처럼 방언은 하나님이 우리에게 주시는 선물인 동시에 성령 충만의 확신을 나타낼 수 있는 증거가 됩니다. 또한 우리가 어떻게 기도해야 할지를 모를 때, 혹은 자신도 자기의 구할 바가 무엇인지를 알 수 없을 때 하나님이 대신해서 기도해 주시는 것입니다.

우리 교회의 권사님 한 분이 구역 예배를 인도하러 종로 거리를 걸어가는데 갑자기 마음속에 '기도해야겠다. 기도해야겠다.'라는 간절한 소원이 생겼다고 합니다. 그런데 종로 한복판의 어디에서 기도를 할 수 있겠습니까. 할 수 없이 길거리 구석에 쭈그리고 앉았는데 막상 하려니 무슨 기도를 올려야 할지 몰라 방언으로 기도를 했다고 합니다.

그렇게 혼자 방언으로 기도를 하고 나니 마음이 평안해져서 눈을 떴는데 앞에 사람들이 쫙 둘러서 있더랍니다. 정신이 이상한 여자가 희한한 말로 야단법석 기도한다며 수군거리고 있었습니다. 얼른 자리를 털고 일어나 구역 예배에 출석했습니다. 구역 예배를 인도하고 돌아오는 내내 마음속에 '주님, 제가 왜 그렇게 간절히 방언으로 기도했는지 모르겠습니다. 성경에는 성령이 말할 수 없는 탄식으로 우리를 위해 친히 간구하신다고 하셨는데, 제게 무슨 일이 일어날 것이기에 성령이 기도하신 것인가요?'라는 생각이 들었습니다.

그러는 중에 집에 도착했는데, 그만 기절초풍을 했습니다. 외출한 그 사이에 도둑이 들어 집 안을 다 뒤집어 놓은 것입니다. 얼마나 샅샅이 뒤졌던지 물건들이 마당까지 흩어져 있었습니다. 방 안의 책상이며 옷장이며 할 것 없이 죄다 열려 있었습니다. 귀중품과 귀금속, 그리고 얼마간 모은 돈을 옷장에 넣어 두었던 권사님은 망연자실했습니다.

평소 교회에 헌금하는 것이나 구역 예배 드리는 것을 싫어했던 남편을 생각하니 두려움이 앞섰습니다. 남편이 당장 교회에 못 나가게 할 것이 분명했고, 오히려 그 돈을 자신이 다 헌금한 줄 알고 오해할지도 모르는 상황이었습니다. 두려움과 당황 속에 울면서 허둥지둥 옷장을 들춰 봤습니다. 그런데 이게 웬일입니까. 분명 옷가지들이 다 나와 있었는데도 돈과 귀금속은 그대로 있었습니다. 값나가는 것을 훔치려 온 집 안을 그렇게 다 뒤지고도 아무것도 찾지 못한 것이었습니다.

하나님이 도둑의 눈을 가리신 것입니다. 도둑이 들어온 그 시간에 하나님은 말할 수 없는 탄식으로 권사님을 기도하게 하셨습니다. 사람은 지금 당장 자기 눈앞에 일어난 일이 아니고서는 따로 방어할 능력이 없습니다. 집을 비운 사이에 도둑이 든 줄도 모르니 인간이란 이 얼마나 연약한 존재입니까. 그래서 하나님은 성령을 통해 길거리에서 말할 수 없는 탄식으로 기도하게 하신 것입니다. 길에서 권사님이 기도하는 동안에 하나님의 천사가 도둑의 눈을 가려 버렸으니 눈뜬장님이 되어 옷가지만 전부 들춰 놓고 돈도 귀금속도 손대지 못했습니다. 더욱 감사한 것은 그 사건 이후 남편도 회개하고 교회에 나와 예수님을 믿게 된 일입니다.

우리가 무엇을 위해 기도해야 할지 모르는 순간에도 하나님은 그런 우리를 대신해서 기도해 주십니다. 그러니 항상 방언으로 기도하고 성령의 능력을 기대하며 그 능력에 힘입으시기 바랍니다.

부르짖어 기도하라

시편 91편 15절을 보면 "그가 내게 간구하리니 내가 그에게 응답하리라 그들이 환난당할 때에 내가 그와 함께하여 그를 건지고 영화롭게 하리라."라고 말씀하고 있습니다. 하나님은 우리의 간구를 듣길 원하십니다. 간구라는 것은 마음이 애타게 끓어오르는 간절한 부르짖음을 말합니다. 부모가 자식에게 교훈할 때도 조용히 일상적인 말로 할 때가 있고, 눈물을 흘리며 손을 잡고 간절히 당부할 때가 있습니다. 하나님께 응답을 받으려면 그저 찬양하고 묵상 기도하고 소곤소곤하게 기도할 것이 아니라 간곡히 부르짖으며 간구하라고 말씀하셨습니다. 절실히 바라는 것이 있으면 결국 부르짖으며 기도하기 마련입니다. 간절한 마음이 배 속에서 끓어올라 창자가 끊어질 것 같은 피 끓는 마음으로 부르짖어 기도할 때 흑암의 세력을 물리치고 하나님의 보좌에 그 기도가 상달될 수 있습니다.

"일을 행하시는 여호와, 그것을 만들며 성취하시는 여호와, 그의 이름을 여호와라 하는 이가 이와 같이 이르시도다 너는 내게 부르짖으라 내가 네게 응답하겠고 네가 알지 못하는 크고 은밀한 일을 네게 보이리라(예레미야 33:2, 3)."

우리가 부르짖어야 그 부르짖음을 들어서 일을 행하시고 그 일을 지어 성취하시는 하나님이라는 뜻입니다. 부르짖지 않으면 하나님도 간섭하실 수 없습니다. '부르짖다'라는 말은 히브리 어의 '카라'가 어원으로서 '절규하다'라는 뜻을 담고 있습니다. 경주에서 달리기를 겨루는 선수들은 골인 지점이 눈앞에 보이면 더욱 속도를 올리며 있는 힘을 다해 죽도록 뜁니다. 남은 기력을 모조리 끌어모아 기진맥진할 때까지 달립니다. 부르짖는다는 것은 그와 같은 의미입니다. 몸속에 힘을 조금도 남겨 놓지 않고 쓰러질 때까지 전력을 기울이는 것이 바로 부르짖는 기도입니다.

저는 신학교를 다닐 당시 성령 세례를 받고자 삼각산에서 밤중까지 기도를 하게 되었습니다. 솔직히 처음에는 그렇게 간절히 기도하지는 않았습니다. 그냥 편하게 조용히 기도를 시작했습니다. 그런데 응답이 없기에 새벽녘에 가서는 얼마나 간절히 부르짖었던지 말 그대로 창자가 다 끊어지는 것 같고 허리는 새우등처럼 굽었습니다. 그렇게 고함을 치며 기도하자 곧장 성령 세례를 받고 방언으로 기도했던 것이 기억납니다. 간절한 기도, 그것이 하늘을 감동시키고 마귀의 궤계를 물리칠 수 있는 것입니다.

지속적으로 말씀을 읽고 묵상하라

말씀 훈련이 중요한 이유는 '믿음은 들음에서 나며 들음은 그리스도의 말씀으로 말미암았기(로마서 10:17)' 때문입니다. 말씀은 하나님의 생각과 뜻입니다. 그러므로 하나님의 생각과 뜻을 알기 위해서는 지속적으로 그분의 말씀을 들어야 합니다. 그때 흔들리지 않는 견고한 믿음을 소유하게 됩니다. 말씀이 없이 생겨난 믿음은 환경이 어려워지거나 주위 사람들의 핍박이 생기면 흔들리게 됩니다. 또한 말씀은 전혀 모른 채 무조건적으로 "믿습니다!"라고 외치는 것은 헛된 맹세의 고백이 될 수도 있습니다.

우리는 하나님이 어떤 분이며, 우리를 향해 어떤 계획을 가지고 계시는지 정확히 알고 목자 되시는 하나님을 따를 수 있어야 합니다. 저는 우리의 생각, 믿음, 꿈, 말이 하나님의 말씀과 뜻에 반드시 감동되어야 한다고 믿습니다. 하나님의 말씀에 의해 감동된 것이 아니라면 아무리 스스로 긍정적인 생각을 하고, 잘될 것이라 믿고, 크고 원대한 꿈을 품고, 긍정적인 언어로 말한다 해도 그것은 진정한 4차원의 영적 세계를 경험하는 것이라고 볼 수 없습니다. 말씀을 통해 마음 안에 예수 그리스도의 십자가 구원에 대한 확신이 생김으로써 자신이 새로운 피조물로 거듭났다는 사실이 믿겨야 합니다. 새로운 피조물로서 하나님이 주시는 새로운 생각, 믿음, 꿈, 말을 소유하게 되는 것이 진정한 4차원의 영성입니다.

좋은 책은 사람을 변화시킨다고 합니다. 그러나 그 책들은 태도를 변화시킬 수는 있어도 전인격적인 변화를 가져오진 못합니다. 하나님의 말씀인 성경을 읽을 때 전인격적인 변화를 체험할 수 있습니다.

어거스틴의 어머니 모니카는 아들이 자신과 같은 신앙인이 되기를 바랐습니다. 그러나 어거스틴은 술에 절어 방탕한 생활을 계속했습니다. 게다가 나중에는 집을 나가 9년 동안이나 마니교라는 이단에 빠져 지냈습니다. 그의 어머니는 멀리 고향에서도 그런 아들을 위해 기도를 쉬지 않았습니다.

어느 날 어거스틴은 자신을 방문한 같은 고향 출신의 폰티키아누스와 대화를 나누게 되었습니다. 대화 중에 어거스틴은 이집트의 수도사인 안토니우스의 회심과 성결한 삶에 관한 이야기를 듣고 깊은 상념에 빠졌습니다. 자신의 삶을 되돌아보게 된 것입니다.

어거스틴이 깊이 생각에 잠긴 그때, 귓가에 "톨레 레게! 톨레 레게!"라는 말이 노랫소리처럼 반복적으로 들려왔습니다. 놀란 그는 아이들이 흔히 부르는 노래려니 하며 그것이 귓가에 남은 것이라고 생각했습니다. 그러나 그것은 결코 예전에 들어본 적이 없는 노래였습니다. '톨레 레게'라는 말은 '집어 들고 읽으라.'라는 뜻입니다.

그는 급히 친구가 있던 장소로 돌아가 거기에 있는 바울 서신을 펴고 가장 먼저 눈에 들어온 구절을 읽었습니다. "낮에와 같이 단정히 행하고 방탕하거나 술 취하지 말며 음란하거나 호색하지 말며 다투거나 시기하지 말고 오직 주 예수 그리스도로 옷 입고 정욕을 위하여 육신의 일을 도모하지 말라."라는 로마서 13장 13절에서 14절까지의 말씀이었습니다.

그 말씀을 읽는 순간 그의 가슴이 뜨거워지기 시작했고 하염없이 눈물이 흘러내렸습니다. 말씀을 통해 성령님이 그에게 감동을 주신 것입니다. 그는 그 자리에서 눈물로 회개하며 방탕한 삶을 청산하고 예수님을 구주로 영접했습니다. 그 후 그의 삶은 완전히 변화되었습니다. 교회사의 가장 위대한 교부로서 최고의 사상가가 되었으며, 그가 저술한 많은 책들은 중세 신학에 가장 큰 영향을 끼쳤습니다. 그가 세상을 떠난 후 그의 이름 앞에는 '성인'이라는 칭호가 붙어 '성 어거스틴'으로 불리게 되었습니다. 이처럼 하나님의 말씀은 전 인격적인 변화를 가져옵니다. 하나님의 말씀은 믿는 자의 삶 안에서 반드시 경험되어야 합니다. 만약 우리가 말씀 안에서 하나님의 권능과 역사를 경험하지 못한다면 말씀은 아무런 의미가 없습니다.

저는 주일 예배에서 설교 말씀을 전할 때마다 성경 구절을 20개 이상씩 인용합니다. 성도들에게도 날마다 성경을 읽고 외우며 공부하고 실천하도록 권고하고 있습니다. 우리의 생각과 믿음, 꿈, 그리고 말을 변화시킬 수 있는 것은 궁극적으로 성령의 능력이며, 그 능력은 말씀을 통해 경험될 수 있다고 믿기 때문입니다. 매일 말씀을 읽고, 묵상하고, 삶에 적용하기 바랍니다. 매일 육신의 양식을 먹듯이 말씀의 양식을 먹는다면 영적으로 꾸준히 성장할 수 있을 것입니다.

훈련의 삶을 살라

1_ 끈질기게 기도하라

기도를 할 때는 시간을 채우기 위해 두서없이 이것저것 아무 말이나 하지 말고, 목표를 분명히 하여 끈질기게 매달려서 구하십시오.

2_ 방언으로 기도하라

우리가 어떻게 기도해야 할지, 무엇을 구해야 할지 모르는 순간에도 하나님은 우리를 대신해서 기도해 주십니다. 방언으로 기도하여 성령의 능력에 힘입으십시오.

3_ 부르짖어 기도하라

주님 앞에 모든 문제를 내어놓고 간곡히 부르짖으며 간구하십시오. 간절한 기도는 하늘을 감동시키고 마귀의 궤계를 물리칠 수 있는 힘이 있습니다.

4_ 지속적으로 말씀을 읽고 묵상하라

말씀을 통해 성령의 능력을 경험하십시오. 그 성령의 능력만이 우리의 생각과 믿음, 꿈, 말을 변화시킬 수 있습니다.

훈련의 삶

1_ 소망 중에 즐거워하며 환난 중에 참으며 <u>기도에 항상 힘쓰며</u>
— 로마서 12:12

2_ <u>기도를 계속하고</u> 기도에 감사함으로 깨어 있으라 — 골로새서 4:2

3_ 곧 여호와의 말씀이 응할 때까지라 <u>그의 말씀이 그를 단련 하였도다</u>
— 시편 105:19

4_ 그러면 어떻게 할까 <u>내가 영으로 기도하고 또 마음으로 기도하며</u> 내가 영으로 찬송하고 또 마음으로 찬송하리라
— 고린도전서 14:15

chapter · 2

성령 충만의 삶

그는 진리의 영이라 세상은 능히 그를 받지 못하나니
이는 그를 보지도 못하고 알지도 못함이라
그러나 너희는 그를 아나니 그는 너희와 함께 거하심이요 또 너희 속에 계시겠음이라
| 요한복음 14장 17절 |

4차원의 영성을 소유한 사람은 성령이 충만한 사람입니다. 성령님은 영으로서, 그 영이 우리 안에 충만할 때 비로소 영적 세계의 능력을 체험하며 살아갈 수 있기 때문입니다. 그런데 많은 크리스천들이 성령 충만에 대해 오해하고 있는 부분이 있습니다. 일시적인 성령 세례, 성령 충만의 경험이 자신의 삶에서 전부라고 여기는 것입니다.

뜨겁게 성령님을 경험하고 체험했으니 그 이후로도 계속해서 성령이 충만할 것이라는 생각은 큰 착각입니다. 성령님은 부흥회나 성회에만 찾아오시는 분이 아닙니다. 우리는 매일의 삶에서 성령 충만을 구해야 하며, 성령님과 교제해야 합니다.

저는 사역의 초창기 시절 성령님을 인격체로 이해하지 못했습니다. 그러다가 1964년 어느 날 아침, 교회 부흥을 위해 기도하던 중 성령님의 음성을 들었습니다.

"너는 나를 단지 경험을 통해서만 알고 있다. 하지만 성령은 인격체이니라. 인격체는 경험만으로 교제해서는 안 된다. 인격적으로 교제하고 인정하고 환영하고 모셔 들이며 감사해야 한다."

그날 이후 저는 성령님과 함께 매일 깊은 대화를 나누었으며, 그 과정에서 하나님의 놀라운 은혜를 경험하기 시작했습니다. 성령님이 오시어 예수 그리스도 안에서 비로소 우리를 거듭나게 하시고, 새롭게 만들어 주시고, 영안을 열어 주셨습니다.

성령님과 교제를 하면 놀라운 일들을 경험할 수 있습니다. 단군상 파손 혐의로 일곱 명의 성직자가 감옥에 갇힌 일이 있었습니다. 그들은 각각 다른 방에 배치되어 있었는데, 감방에서 전도를 하여 40명의 죄수가 예수님을 영접했습니다. 그리고 30여 명이 세례를 받았는데, 그중에는 살인강도로 12년 형을 구형 받은 사람도 있었습니다.

목사들을 감옥에 보내니 그들이 거기서 한 일이 무엇이겠습니까? 예수님을 전하는 일이었습니다. 보통 사람들이 볼 때 감옥에 갇힌 것은 절망적인 일일 수 있습니다. 그러나 그들은 그곳에서도 예수를 전하여 성령님이 임재하시는 감옥으로 변화시켰습니다. 이와 같이 그리스도의 복음이 전파되는 곳에는 성령님이 역사하셔서 그리스도가 하나님의 아들임을 깨닫게 해주십니다.

이러한 성령님의 계시를 통해 영적 시력이 밝아지고 영의 세계를 알게 되는 것입니다. "우리 주 예수 그리스도의 하나님, 영광의 아버지께서 지혜와 계시의 영을 너희에게 주사 하나님을 알게 하시고 (에베소서 1:17)"라는 말씀과 같이 성령님이 우리 안에 거하시면 마음눈이 밝아집니다. 그러므로 성령님을 인정하고 환영하고 모셔 들이고 의지하면서 간구하면 성령님이 우리 눈의 비늘을 벗겨 주시고 환히 볼 수 있는 영안을 열어 주실 것입니다. 영안을 열어 주셔야 진리의 말씀을 깨달을 수 있으며, 그래야 그 진리를 들을 때 자신의 삶에 적용할 수 있습니다.

작은 예수의 삶

성령을 다른 말로 하면 예수의 영이라고 합니다. 그러므로 '성령 충만'을 '예수 충만'이라 할 수 있겠습니다. '예수 충만'이라 함은 예수님의 모습이 삶에 나타나는 것을 뜻합니다. 진정한 예수 충만, 성령 충만은 예수님의 능력이 나타나는 삶만을 말하는 것이 아니라 예수님처럼 성품이 변화하는 것을 뜻합니다. 예수님이 이 땅에서 행하신 사랑을 실천하며, 온유하고 겸손한 모습으로 사람들을 섬길 때 진정으로 성령 충만하다고 말할 수 있는 것입니다.

1890년대에 많은 외국 선교사들이 예수님을 전하러 우리나라에 들어왔습니다. 그중에 캐나다 인 윌리엄 홀과 미국인 로제타 홀이라는 선교사가 있었습니다. 윌리엄 홀은 중국을, 로제타 홀은 한국을 품은 선교사였습니다. 두 사람은 약혼한 사이였고, 한국을 품고 있던 로제타의 권유로 윌리엄도 함께 이 땅에 복음을 전하러 오게 되었습니다. 그들은 한국에서 최초로 서양식 결혼식을 올린 부부이기도 합니다. 결혼 후 평양에 거주하게 된 두 사람은 열악한 환경과 수많은 핍박 속에서도 고아들을 돌보며 의료 사역을 펼쳤습니다.

당시 청일 전쟁이 일어나면서 전쟁으로 인한 부상자들이 속출하게 되었습니다. 윌리엄은 자신의 건강은 생각하지 않고 밤낮으로 최선을 다해 환자들을 돌보았습니다. 결국 그는 약해진 체력 때문에 전염병에 감염되어 세상을 떠나고 말았습니다. 어린 아들과 함께 남겨진 부인 로제타는 임신 7개월째였습니다. 한국에 온 지 3년 만에 윌리엄은 순교를 하게 되었고, 로제타는 스물아홉 살의 젊은 과부가 되었습니다.

남편을 잃은 그녀는 미국으로 돌아가 딸을 낳았습니다. 그런데 3년도 안 되어 다시 두 남매를 데리고 한국으로 돌아왔습니다. 한국에 대한 마음을 주신 하나님의 사명을 좇아 지속적으로 의료 사역에 힘

쓰기 위해서였습니다.

　그녀는 한국에 와서 기홀병원(紀忽病院, The Hall Memorial Hospital)을 세우고 본인이 직접 부인 과장으로 일하면서 사역을 행했습니다. 그러나 또다시 비극이 일어났습니다. 그녀의 딸 에디스가 이질로 세상을 떠난 것입니다. 사랑하는 남편과 딸을 한국에서 잃었기에 아마 당장이라도 이 땅을 떠나고 싶었을 것입니다. 그러나 그녀는 자신의 슬픔과 고통보다 하나님의 사명, 한국을 향한 하나님의 사랑을 먼저 생각했습니다. 끝까지 인내로 사역한 그녀는 김점동이라는 여성을 교육시키고 유학을 보내 한국 최초의 여의사로 키워 냈으며, 최초로 시각 장애인 학교를 세우기도 했습니다.

　한국은 로제타 홀에게 아픔을 안겨 주었습니다. 그러나 그녀는 끝까지 최선을 다하며 한국의 여성과 약자들을 위해 헌신하는 삶을 살았습니다. 그녀의 헌신과 희생이야말로 진실로 우리를 구원하기 위해 헌신하고 희생하신 예수님의 모습과 닮아 있습니다.

　예수님은 이 땅에 오셔서 수많은 사람을 살리셨습니다. 그러나 그분에게 돌아간 것은 핍박과 저주의 말들뿐이었습니다. 많은 사람들이 그런 예수님을 모함하고 죽이려 했습니다. 그런데도 예수님은 자신의 목숨이 다할 때까지 섬기며 헌신하셨습니다. 그 모습이 지금 우리 세대의 크리스천에게 필요하다고 생각합니다.

　많은 크리스천들이 예수님이 주시는 축복은 누리고자 하면서 정작 예수님의 헌신은 닮으려 하지 않습니다. 그러나 크리스천의 진정한 능력은 예수님을 닮은 모습에서 나옵니다. 자신의 유익을 먼저 구하는 것이 아니라, 하나님의 사명을 위해 사랑을 실천하고 희생하는 크리스천의 모습을 통해 예수님의 향기를 퍼트릴 수 있습니다.

이런 예수님을 닮기 위해 특별한 성품 훈련이나 피나는 노력이 필요한 것은 아닙니다. 예수님은 그렇게 멀리 계신 분이 아닙니다. 십자가를 통해 구원의 은혜를 입은 자, 바로 우리 안에 와 계십니다. 그렇기 때문에 예수님의 향기를 풍기는 삶을 살기 위해서는 우리의 자아가 소멸되어야 합니다. 예수님이 우리 삶의 주인이 되시면 그분의 능력이 나타나는 삶은 물론이거니와 예수님의 성품이 드러난 삶을 살게 되는 것입니다. 자기 자신을 완전히 비우고 우리 안에 와 계신 예수님이 주인이 될 때 우리의 생각, 믿음, 꿈, 말이 온전히 하나님의 것으로 변화할 수 있습니다. 이것은 4차원의 영성을 소유하는 비결인 동시에 예수님을 닮은 삶을 사는 비결이기도 합니다.

사랑과 행복을 나누는 삶

기도 훈련과 말씀 훈련, 그리고 성령 충만한 삶을 통해 4차원의 영성을 소유한 사람은 하나님이 주시는 복을 누리게 됩니다. 그것은 세상의 잣대로는 설명할 수 없는 하나님의 풍성한 복입니다. 예수님은 복음을 전하러 우리에게 오셨고, 우리는 그것을 자신의 것으로 받아들여야 합니다.

그런데 이렇게 복을 받는 것에서 끝나서는 안 됩니다. 하나님은 우리에게 '차고 넘치는' 복을 주셨습니다. 하나님이 우리에게 주실 때는 모자라게 주시지 않습니다. 딱 우리가 쓸 것만 주시지도 않습니다. 예수님이 들에 모인 사람들을 위해 떡과 물고기에 축사하고 나눠 주실 때 인원수에 맞춰서 주시지 않았습니다. "먹고 다 배불렀더라 그 남은 조각을 열두 바구니에 거두니라(누가복음 9:17)."라는 말씀처럼 예수님은 배불리 다 먹고도 남을 만큼 주셨습니다.

선지자 엘리사가 과부에게 복을 부어 줄 때도 마찬가지였습니다. 가지고 있는 그릇이 다 차고 넘쳐 동네의 모든 그릇을 빌리고도 계속 기름이 나왔습니다. 결국 그릇이 모자라서 기름이 멈춘 것이지 기름이 그릇보다 모자라지 않았습니다.

하나님은 왜 이렇게 넘치게 주실까요? 하나님이 우리에게 필요한 정도를 몰라서 그러신 것이 아닙니다. 하나님은 우리가 차고 넘치게 받은 복을 나눠 주길 원하십니다. 하나님으로부터 넘치게 받은 은혜와 사랑을 전하고 베풀길 바라십니다. 하나님은 혼자만 잘 먹고 잘살게 하기 위해 축복을 내려 주신 것이 아닙니다.

우리는 반드시 이 사실을 기억해야 합니다. 우리가 받은 '영혼이 잘되며 범사가 잘되고 강건한' 그 복을 우리만 누려서는 안 됩니다. 주님이 주시는 하나님의 자녀 된 특권을 누리되 결코 혼자만 누리는 사람이 되지 않길 바랍니다. 하나님이 기름을 부어 주실 때 많은 그릇을 준비해 두어서 더욱 풍성히 받고 나눌 수 있는 능력의 사람이 되십시오.

여의도순복음교회 역시 하나님의 풍성한 복을 받았습니다. 부흥의 복뿐만 아니라 성도들의 영혼이 잘되고, 범사에 잘되며, 강건한 복을 받았습니다. 그리고 꾸준히 그 복들을 세상에 흘려보내려 합니다. '사랑과 행복 나눔' 재단이 그 한 예라고 할 수 있습니다. 지금도 이 재단에서는 거동이 불편한 지체 장애인들의 집을 개조하는 일, 형편이 어려워 치료를 포기한 환자들의 치료비 후원 사업 등을 통해 예수님의 사랑을 실천하고 있습니다. 예수님이 이 땅에 오셔서 병자를 치유하고 주린 자에게 먹을 것을 주신 것과 같이 예수님의 사명을 좇아 살아가기 위해 노력하고 있습니다. 비록 작은 노력이지만 이것을 통해 한 사람이라도 예수님의 사랑을 느낄 수 있다면 그것이 크리스천으로서 영향력을 끼치는 삶이라고 생각합니다. 우리에게 베푸신 예수님의 풍성한 사랑을 서로 나눌 때 삶이 더욱 풍성해지는 놀라운 기적을 만날 수 있을 것입니다.

거룩한 습관, 4차원의 영성

'4차원의 영성'은 근본적으로 하나님의 역사하심과 그분의 백성인 우리가 만나는 통로입니다. 이 4차원의 영성을 통해 3차원의 세계가 변화하는 기적을 경험하게 될 것입니다. 우리는 기도와 하나님의 말씀을 통해 생각, 믿음, 꿈, 그리고 말을 변화시키며, 성령님은 그런 우리를 그리스도인으로서의 사명을 다하도록 도와주실 것입니다.

저도 '4차원의 영성'을 통해 성령님이 주시는 비전을 받았습니다. 그 비전 역시 3차원의 현실을 바라봤을 때는 결코 이룰 수 없는 일들이었습니다. 그러나 3차원의 눈이 아닌 4차원의 영성을 통해 세상을 보자 얼마든지 가능했습니다. 우리가 상상하는 현실의 모든 것을 초월하시는 하나님을 의지하십시오. 하나님은 삶의 변화, 고민의 해결, 병 고침 등 일상적인 모든 문제를 해결할 능력이 있으십니다.

자신에게도 그러한 기적이 나타날 것을 기대하며 그 기적의 주인공이 되십시오. 우리의 삶 속에 절망적인 상황이 찾아오더라도 승리의 꿈을 꾸십시오. 예수님의 은혜로 새로운 피조물이 된 당신은 그럴 만한 특권이 있습니다. 사망 대신 생명을, 패배 대신 승리를, 질병 대신 건강을, 실패 대신 성공을 꿈꿀 자격이 있습니다.

이제 당신의 삶 가운데 영적 승리를 선포하십시오. 인생의 문제에 있어 이전과는 달리 생각, 믿음, 꿈, 말의 모든 영역을 4차원의 영성으로 무장하십시오. 그리고 이 영적 전쟁의 승리를 위해 계속해서 훈련을 사모하십시오. 기도 훈련, 말씀 훈련, 성령 충만의 과정을 통해 4차원의 영성이 일회성이 아닌 거룩한 습관으로 정착될 것입니다. 그리고 당신의 삶에 지속적인 변화가 나타날 것입니다. 진정 위대한 기적을 체험하게 될 것이며, 하나님의 꿈을 이루는 사명자가 될 수 있을 것입니다. 우리 모두의 삶 가운데 하나님의 놀라우신 은혜와 복된 기적의 역사가 임하길 주의 이름으로 축원합니다.

| 적용 |

성령 충만한 삶을 살라

1_ 매일의 삶에서 성령님과 교제하라

성령님을 인정하고 환영하고 모셔 들이고 의지하면서 간구하면 성령님이 우리의 영안을 열어 주실 것입니다. 진리의 말씀을 깨달아 자신의 삶에 적용하십시오.

2_ 작은 예수의 삶을 살라

진정한 성령 충만은 예수님의 능력만 나타나는 삶이 아니라 예수님처럼 성품이 변화하는 것입니다. 예수님이 이 땅에서 행하신 것처럼 사랑을 실천하며, 온유하고 겸손한 모습으로 사람들을 섬기십시오.

3_ 사랑과 행복을 나누는 삶을 살라

하나님이 기름을 부어 주실 때 많은 그릇을 준비해 두어서 더욱 풍성히 받고 나눌 수 있는 능력의 사람이 되십시오. 함께 나눌 때 삶이 더 풍성해지는 놀라운 기적을 만나게 될 것입니다.

4_ 거룩한 습관을 가져라

우리가 상상하는 현실의 모든 것을 초월하시는 하나님을 의지하십시오. 기도 훈련, 말씀 훈련, 성령 충만의 과정을 통해 4차원의 영성이 일회성이 아닌 거룩한 습관으로 정착될 것입니다.

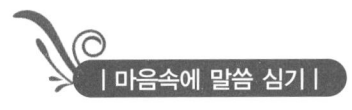

| 마음속에 말씀 심기 |

성령 충만의 삶

1_ 오직 **성령의 열매는 사랑과 희락과 화평과 오래 참음과 자비와 양선과 충성과 온유와 절제니** 이 같은 것을 금지할 법이 없느니라
— 갈라디아서 5:22, 23

2_ 어떤 사람에게는 성령으로 말미암아 지혜의 말씀을, 어떤 사람에게는 같은 성령을 따라 지식의 말씀을, 다른 사람에게는 같은 성령으로 믿음을, 어떤 사람에게는 한 성령으로 병 고치는 은사를, 어떤 사람에게는 능력 행함을, 어떤 사람에게는 예언함을, 어떤 사람에게는 영들 분별함을, 다른 사람에게는 각종 방언 말함을, 어떤 사람에게는 방언들 통역함을 주시나니 이 **모든 일은 같은 한 성령이 행하사 그의 뜻대로 각 사람에게 나누어 주시는 것이니라**
— 고린도전서 12:8~11

3_ 임금이 대답하여 이르시되 내가 진실로 너희에게 이르노니 **너희가 여기 내 형제 중에 지극히 작은 자 하나에게 한 것이 곧 내게 한 것이니라** 하시고
— 마태복음 25:40

4_ 여호와를 경외하는 것은 **지혜의 훈계라 겸손은 존귀의 길잡이니라**
— 잠언 15:33

3차원의 인생을 지배하는 **4차원의 영성**

초판 1쇄 발행	2004년 12월 30일
초판 116쇄 발행	2010년 3월 5일
수정증보판 1쇄 발행	2010년 4월 5일
수정증보판 33쇄 발행	2024년 5월 14일

지은이	조용기
펴낸곳	교회성장연구소
발행인	이영훈

등 록	제12-177호
주 소	서울시 영등포구 은행로 59, 4층
전 화	02-2036-7936
팩 스	02-2036-7910
홈페이지	www.pastor21.net

ISBN 978-89-8304-153-1 03230

※ 값은 뒤표지에 있습니다.
※ 잘못된 책은 구입하신 곳에서 교환해 드립니다.

"무슨 일을 하든지 마음을 다하여 주께 하듯 하라" (골 3:23)
교회성장연구소는 한국 모든 교회가 건강한 교회성장을 이루어 하나님 나라에 영광을 돌리는 일꾼으로 성장하는 것을 목표로, 목회자의 사역은 물론 성도들의 영적 성장을 도울 수 있는 필독서들을 출간하고 있다. 주를 섬기는 사명감을 바탕으로 모든 사역의 시작과 끝을 기도로 임하며 사람 중심이 아닌 하나님 중심으로 경영한다. "무슨 일을 하든지 마음을 다하여 주께 하듯 하라"는 말씀을 늘 마음에 새겨 하나님께서 주신 사명을 기쁨으로 감당한다.